Kornelimünster

Benediktinerabtei – Propsteikirche – Ort

Lothar Stresius

Kornelimünster

Benediktinerabtei – Propsteikirche – Ort

Herausgegeben
vom
Förderverein St. Kornelius Kornelimünster

Mit Fotos von Florian Monheim

SCHNELL + STEINER

Abbildung der vorderen Umschlagseite: Propsteikirche St. Kornelius von Osten

Gedruckt mit freundlicher Unterstützung der Jugend- und Kulturstiftung der Sparkasse Aachen, des Landschaftsverbands Rheinland und der NRW-Stiftung.

Bibliografische Information der Deutschen Nationalbibliothek:
Die Deutsche Nationalbibliothek verzeichnet diese Publikation in der Deutschen Nationalbibliografie; detaillierte bibliografische Daten sind im Internet über <http://dnb.d-nb.de> abrufbar.

2. Auflage 2017

Satz: Vollnhals Fotosatz, Neustadt a. d. Donau
Umschlaggestaltung: Anna Braungart, Tübingen
Druck: M. P. Media-Print Informationstechnologie GmbH, Paderborn

ISBN 978-3-7954-2719-1

Weitere Informationen zum Verlagsprogramm erhalten Sie unter:
www.schnell-und-steiner.de

Inhalt

Abb. 1: Gewölbe im Obergeschoss des Westbaus ▷

1

Einleitung

Die Propsteikirche St. Kornelius in Kornelimünster hat heute die Hausnummer 1 (s. Abb. 2). Der karolingische Gründungsbau, der an dieser Stelle im 9. Jh. errichtet wurde, war die Klosterkirche der Benediktinerabtei Inda – wie sie damals noch hieß. Im Laufe der Zeit kamen die Wohnhäuser hinzu. Somit ist das Gründungsdatum der Abtei auch das Entstehungsdatum des Ortes Kornelimünster. Noch im heutigen Ortsnamen „Kornelimünster“ dokumentiert sich die Einheit von Kloster und Ort. Übersetzt heißt es Kloster des (hl.) Cornelius (*Cornelii monasterium*).

Wann mit dem Gründungsbau von Kloster und Kirche begonnen wurde, ist nicht mehr genau zu bestimmen; es existiert keine Gründungsurkunde des Klosters. Plausibel ist jedoch die Annahme, dass 814 mit dem Regierungsantritt Ludwigs des Frommen, der als einziger Sohn die Nachfolge seines Vaters Karls des Großen antrat, das Projekt einer Klostergründung im Indetal Gestalt annahm. Das geplante Kloster war Bestandteil der neuen Akzentsetzung, die Ludwig in seiner Kirchenpolitik vornahm.

Folglich steht der Betrachter heute an dieser Stelle im wahrsten Sinne des Wortes auf dem Boden einer 1200-jährigen benediktinischen Tradition, sofern man die 100 Jahre Abwesenheit der Benediktiner in Kornelimünster im 19. Jh. unberücksichtigt lässt. Die Abtei ist während dieser Zeit in mancher Hinsicht ein Abbild der jeweiligen Zeit gewesen – und zwar sowohl kirchen- als auch profangeschichtlich.

An der heutigen Propsteikirche und dem Klostergebäude ist architektonisch der Gang der Zeiten regelrecht ablesbar. Die ursprüngliche Mönchskirche wurde bereits im Frühmittelalter ergänzt durch bauliche Zusätze, die auf ihre Funktion als Pilger- und Wallfahrtskirche zurückzuführen sind. Kornelimünster gehörte bis in die frühe Neuzeit hinein zu den wichtigen Wallfahrtsorten der Region.

Vor uns stehen das Kirchengebäude, das (ehemalige) Klostergebäude, der Ort: Sie zeigen architektonisch, kunst-, kirchen-, regionalgeschichtlich und theologisch lesbare Spuren der Vergangenheit und Gegenwart.

Ein ganz neues Kapitel konnte 1906 aufgeschlagen werden: die Rückkehr der Benediktiner – allerdings nicht mehr in das Gebäude der alten Reichsabtei.

Diese Spuren sollen im vorliegenden Buch aufgedeckt werden. Unter Einbezug des Ortes und des neuen Klosters der Benediktiner haben wir versucht, die Steine zum Sprechen zu bringen und das Beschriebene in Bildern sichtbar werden zu lassen.

Lothar Stresius
Florian Monheim

Hinweis: Die in Klammern gesetzten Buchstaben und Zahlen beziehen sich auf den Lageplan der Propsteikirche (Vorsatz).

◁ Abb. 2: Eingang zur Propsteikirche Kornelimünster (mit Blick auf die Reichsabtei)

Die Quellen zur Gründung der Benediktinerabtei

Wer etwas über Personen und Ereignisse aus weit zurückliegenden Zeiten erfahren möchte, der ist auf Quellen angewiesen: archäologische Funde, erhaltene Baudenkmäler und schriftliche Urkunden. Die Ausgrabungen, die Leo Hugot[1] für Kornelimünster durchgeführt und dokumentiert hat, haben für die ehemalige Klosterkirche in Kornelimünster wichtige Erkenntnisse zu Tage gefördert, z.B. die Fundamente des karolingischen Ursprungsbaus der Kirche, und weitere Einsichten in die Baugeschichte von Kloster und Kirche.

Erkenntnisse über Gründe und Motive für die Errichtung des Klosters im 9. Jh. lassen sich nur über schriftliche Quellen erheben. Die Hauptquelle für die Gründungsgeschichte der Abtei Kornelimünster ist eine *Vita* über den ersten Abt des Klosters, Benedikt von Aniane (750–821) – geschrieben von einem Mitbruder aus seinem ehemaligen Kloster Aniane in Südfrankreich: *Vita Benedicti Abbatis Anianensis et Indensis auctore Ardone* (Lebensbeschreibung Benedikts, des Abtes von Aniane und Inda, verfasst von Ardo).

Eine weitere, andersgeartete Quelle ist ein literarischer Text (Lied) des Ermoldus Nigellus. *Carmen elegiacum in honorem Hludovici christianissimi Caesaris Augusti* (Elegisches Gedicht zu Ehren des allerchristlichsten Kaisers Ludwig). Es handelt sich um einen Text, in dem Leben und Taten Ludwigs des Frommen dargestellt werden (Entstehungszeit: 823–830). Über den Autor ist wenig Sicheres bekannt: Vermutlich war er Kleriker, möglicherweise auch Mönch. Wegen unbekannter Verfehlungen war er von Ludwig ins Exil nach Straßburg verbannt worden. Für manche Vermutungen (z.B. die geplante Grablege Ludwigs in der Abteikirche) ist Nigellus die einzige Quelle.[2]

Der Text der Vita Ardos ist die wichtigste Bezugsquelle für die Gründung des Klosters Inda und damit auch für den Ort Kornelimünster. Das genaue Abfassungsdatum der Vita ist nicht bekannt. Konsens in der Forschung ist: Sie entstand bald nach dem Tod Benedikts, etwa um 823.

Eine mittelalterliche Vita ist nicht zu vergleichen mit einem Bericht im modernen Sinne. Sie hat ein hagiographisches Interesse: Der Erzähler möchte für die Nachwelt die Person so porträtieren, dass sie in einem bestimmten Licht erscheint, eben im Licht eines Heiligen; der Sammlung und Zusammenstellung der Fakten liegt ein Darstellungsinteresse des Autors zugrunde.

Ardo zeichnet in seiner Lebensbeschreibung ein Bild von Benedikt als Mönch. Dabei greift er zurück auf sog. Topoi, auf literarische Konventionen, die bei den Lebensbeschreibungen von Mönchen immer Anwendung fanden. Eine in hagiographischer Absicht verfasste Vita orientiert sich an bestimmten Vorgaben, wie der Erwähnung von Wunderhandlungen. Aus anderen Quellen lässt sich erschließen, dass sich Benedikt darüber hinaus einen Namen als (Kirchen-)Politiker, Klosterorganisator und Theologe gemacht hat. Bei der Lektüre einer Vita ist somit zweierlei wichtig: Berücksichtigung der überlieferten Darstellungsform und das, was in einer Vita verschwiegen wird.

Die Überlieferung der Vita Ardos ist zudem nicht restlos gesichert. Die älteste heute verfügbare Handschrift der Vita ist das *Cartulare Anianense* und stammt aus dem 12. Jh.[3]

Zusammengefasst: Die Vita lässt sich also nicht einfach als historische Quelle in einem modernen Sinne benutzen, um dadurch näher an die vermeintlich historisch sicheren Fakten über die Gründung der Abtei Kornelimünster und ihren ersten Abt heranzukommen. Die Nutzung der Vita Ardos als Quelle zur Gründungsgeschichte von Kornelimünster verlangt eine Berücksichtigung

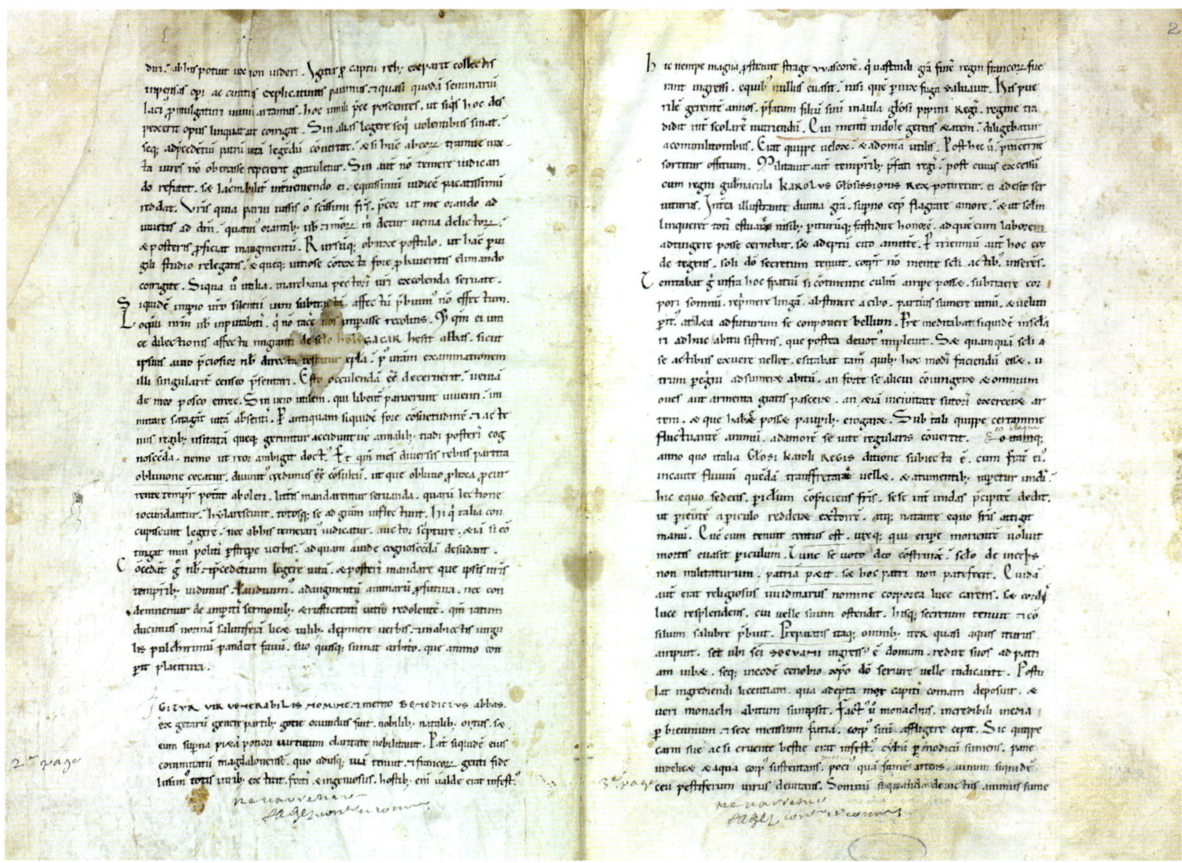

Abb. 3: Vita Benedicti Anianensis – älteste Handschrift (Montpellier, 12. Jh.)

der Textform und der komplizierten Überlieferung der Handschrift.

Andererseits: Eine Vita ist keine bloße Erfindung von Ereignissen, die nicht existierten. Eine mittelalterliche Vita erzählt von Personen und Ereignissen der Vergangenheit – verbunden mit einer Deutung dieser Personen und Ereignisse im Lichte des Horizontes, den Menschen im 9. Jh. notwendigerweise hatten. Von einer Vita zu verlangen, dass sie nur das enthält, was im heutigen Sinne „historisch-wissenschaftlich" belegbar ist, wäre dasselbe, als ob man an die in einem Roman beschriebenen Personen und Ereignisse den Maßstab „wissenschaftlicher" Korrektheit anlegte.

Eine Vita „kann als spirituelles Leitbild bezeichnet werden". „Mit ihren narrativen Inhalten wie z.B. den Wundern, ihren ganz eigenen und bevorzugten Themen und ihrer biblischen Anbindung ist sie keine ‚Quelle' im strengen Sinn. Es geht um eine Realität, die christliche Heiligkeit bezeugen will."[4]

Im so verstandenen Sinne enthält die *Vita Benedicti* die Gründungsgeschichte des Klosters Inda und damit auch die Geschichte der Anfänge des Ortes Kornelimünster im 9. Jh.

Anmerkungen

1 HUGOT 1968.

2 http://www.geschichtsquellen.de/repOpus_02192.html 2013-05-23; vgl. SCHALLER 2003, Sp 2160.

3 Vgl. SCHMITZ 2009, Vorbemerkung; KETTEMANN 2000, S. 44, 241ff., 305f.
(Cartulaire d'Aniane, hg. von L. CASSAN/E. MEYNIAL, Montpellier 1990 (= Cartulaires des Abbaye d'Aniane et de Gellone 2).

4 PUZICHA 2012, S. 146f.

Die Geschichte der Abtei Kornelimünster

Gründung der Abtei

Im *Nordrheinischen Klosterbuch* heißt es zur geographischen Lage der Abtei Kornelimünster kurz: „Aachen-K.: Korneliusmarkt, Benediktusplatz, Abteigarten".[5]

Bei den Ortsangaben handelt es sich um die Namen der die heutige Propsteikirche und die alten Klostergebäude umgebenden Straßen. Wann an dieser Stelle genau mit dem Bau der Abtei begonnen wurde, ist nicht mehr exakt auszumachen: Es existiert keine Gründungsurkunde. Die erste urkundliche Erwähnung des Klosters stammt aus dem Jahre 821. Es handelt sich um ein *Privileg*, in dem der Abtei eine Zollbefreiung durch Ludwig ausgestellt wurde.

Möglicherweise war geographischer Ausgangspunkt des Klosters ein Königshof im Indetal.[6] Zwei Straßen aus römischen Zeiten kreuzten sich hier. Spuren römischer Besiedlung sind archäologisch nachgewiesen (gallo-römischer Tempelbezirk Varnenum).

In Ardos *Vita Benedicti* (Anhang 1, Kap. 12) wird das Kloster auf Initiative Ludwigs in Kornelimünster gebaut, um Benedikt als Berater in der Nähe von Aachen zu haben. Das Kloster erhält den Namen *Inda*. Weiter heißt es, dass der Kaiser eine *Immunität* anordnete. Bei der Weihe der Kirche war der Kaiser anwesend und er stattete sie aus seinem Fiskalbesitz *aufs reichlichste* aus. Aus bekannten Klöstern ließ der Abt ausgesuchte Brüder kommen, um sie *nach seinem Beispiel* zu unterrichten, damit sie dann anderen *ein Zeugnis des Heils* würden.

Im (Lob-)Gedicht des Ermoldus Nigellus auf Ludwig werden drei Gründe genannt, die den Kaiser dazu motivierten, das Kloster Inda zu gründen:

Abb. 4: Abteigarten Benediktusplatz

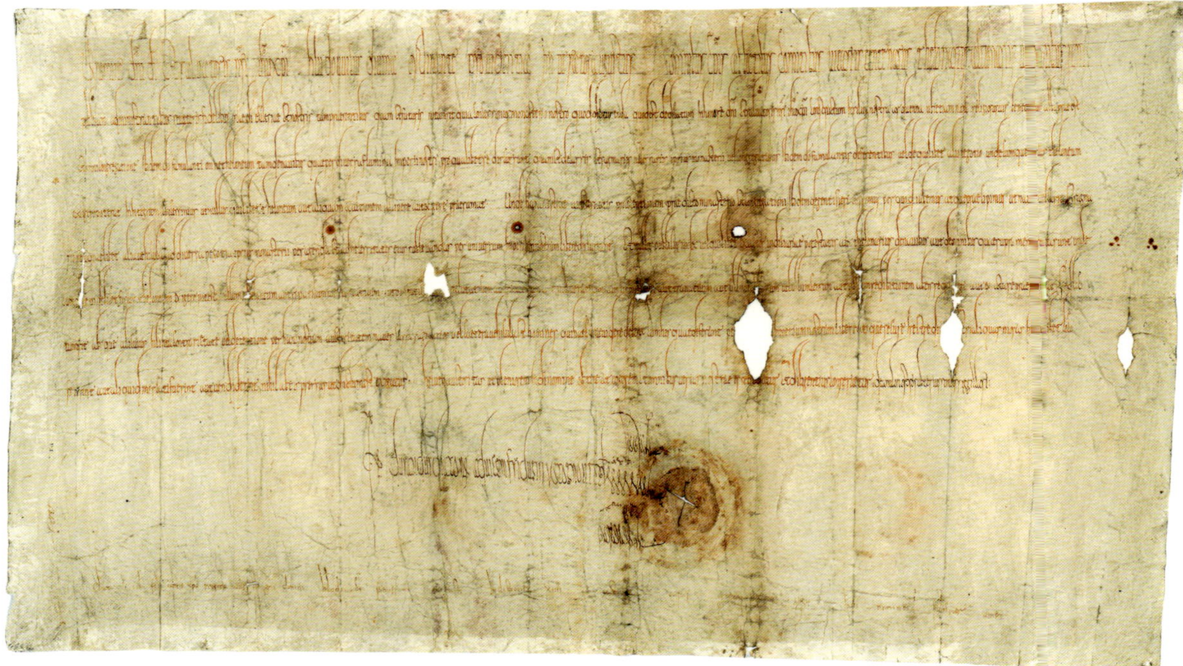

Abb. 5: Erste urkundliche Erwähnung der Abtei (Zollbefreiung 821)

Es sollte für Ludwig ein Platz des Rückzugs und sein geplanter Begräbnisort sein und Benedikt ermöglichen, abseits des Aachener Hofes seiner Berufung als Mönch nachzukommen.[7]

Bei den Ausgrabungen durch Leo Hugot[8] ist im Westbau eine Doppelgrabanlage entdeckt worden, die möglicherweise die geplante Grablege des Stifters und seiner Frau gewesen sein könnte. Tatsächlich ist Ludwig in Metz begraben worden.

Als historisch sicher kann angenommen werden, dass die Gründung im Zusammenhang stand mit der Änderung der karolingischen Klosterverfassung im 9. Jh., von Kaiser Karl dem Großen begonnen und unter der Regentschaft seines Sohnes Ludwigs des Frommen fortgeführt. Mit dem Beginn seiner Herrschaft hat Ludwig ab 814 personelle und institutionelle Entscheidungen getroffen, die eine Vereinheitlichung der Lebensform in den Klöstern im karolingischen Einflussbereich zum Ziel hatten. Die heute getrennten Bereiche „Staat" und „Kirche" waren im Mittelalter eine Einheit. Der Absicht des Kaisers, Organisationsformen des Klosterlebens zu verändern, lagen kirchliche und politische Motive gleichermaßen zugrunde. Es existierte eine politische Theologie, die man heute als eine Theokratie bezeichnen würde: Demnach ist der Kaiser von Gott berufen, für sein Reich und die Kirche gleichermaßen zu sorgen.

Bezüglich der karolingischen Klosterreform sind in diesem Zusammenhang zwei Sachverhalte wichtig und hinreichend belegt:

- Benedikt von Aniane, der erste Abt des Indaklosters, wurde Berater Ludwigs; er war Mönch und hatte sich über das Studium von unterschiedlichen überlieferten Ordensregeln mit Organisationsformen klösterlichen Zusammenlebens beschäftigt. Dabei machte er praktische Erfahrungen im Hinblick auf sich selbst als Mönch und im Hinblick auf das zönobitische Zusammenleben von Mönchen in Klöstern. Am Ende stand für Benedikt von Aniane die Favorisierung der Benediktusregel (*Regula Benedicti)* des Gründers des Benediktinerordens, Benedikt von Nursia, als der allein maßgeblichen Ordensregel.
- Im Laufe des zweiten Jahrzehnts des 9. Jh. fanden in Aachen mehrere Synoden statt, deren Beschlüsse aus monastischen Reformen kaiserliche Gesetze machten.

Die These, dass Kornelimünster eine Art „Musterkloster" war, das beispielhaft „anianisch" refor-

Abb. 6: Varnenum (gallo-römischer Tempelbezirk)

miert auf das übrige Frankenreich ausstrahlen sollte, ist umstritten.[9] Die monastischen Reformbestrebungen verebbten nach dem Tod Benedikts von Aniane (821).

Es gab über Jahrhunderte hinweg eine urkundlich nicht belegbare Tradition, nach der Karl der Große Gründer des Klosters war; davon zeugt das Bild mit Karl und Benedikt, das ursprünglich im Barockgebäude der alten Abtei hing.[10] Nach Stengel gab es Ende des 18. Jh. in der Abtei Überlegungen, im Jahre 1800 eine Tausendjahrfeier zu begehen.[11]

Der frühestmögliche Zeitpunkt für die Gründung und den Baubeginn in Kornelimünster ist das Jahr 814 als Beginn der Regentschaft Ludwigs. 817 ist plausibel als Weihedatum der Abteikirche anzusetzen – möglicherweise im zeitlichen Zusammenhang mit der Aachener Synode in diesem Jahr[12] und nach Ardo in Anwesenheit Ludwigs vollzogen.

Das Gründungskloster wurde dem Erlöser (Salvator) geweiht. Im Hochmittelalter änderte sich das Patrozinium: Es wurde daraus das Kloster des hl. Kornelius.

Möglicherweise bereits mit der Gründung wurden dem Kloster von Ludwig die sog. Biblischen Heiligtümer übereignet. In der 2. Hälfte des 9. Jh. kamen die Reliquien des hl. Papstes Kornelius (rechter Arm und Haupt) hinzu.

Namen des Klosters

Aus den urkundlich sicher belegten Benennungen lässt sich ein Stück Klostergeschichte ablesen:

817 Das Kloster, das zur Ehre unseres Herrn und Erlösers Jesus Christus an dem Fluss Inda erbaut worden ist *(Monasterium, quod est constructum in honore domini et salvatoris nostri Iesu Christi super fluvium Inda* – nach der von Stengel rekonstruierten Immunitätsurkunde)[13]

821 Unser Kloster, das Inda genannt wird und geweiht ist zur Ehre unseres Herrn und Erlösers Jesu Christi *(monasterium nostrum quod dicitur Enda quod est dedicatum in honore Domini et Salvatoris Iesu Christi* – in der ersten urkundlichen Erwähnung – Zollbefreiung)

948 Indakloster (*Indensis monasterium*), erbaut an dem Fluss Inda (*super fluvium Inda constructum*)[14]

Abb. 7: Karte des Münsterländchens (1646)

1028 Kloster des hl. Cornelius (*monasterium sancti Cornelii*)[15]

1234 Konvent des hl. Cornelius in Inda (*conventus beati Cornelii in Inda*)[16]

1476 Kloster des hl. Cornelius an der Inde (*Sent Cornelis Monster op der Enden*)[17]

1517 Heinrich von Binsfeld wird bezeichnet als Abt des königlichen Klosters des hl. Cornelius in Inda (*regalis monasterii sancti Cornelii Indensis*).[18]

1685 St. Cornelimünster[19]

1725 Inda des hl. Cornelius vom Orden des hl. Benedikt benannt nach dem nahegelegenen Fluss (*Inda S. Cornelii. Ordinis S. Benedicti monasterium ab Inda proximo rivulo sic dictum*)

1725 Inda oder Corneliusmunster (*Inde ou Corneliusmunster*)[20]

1751 „Ländlein St. Cornelii – Münster auf der Inden"[21]

Durchgehend und neben den anderen Namen erhielt sich der Name *Inde* oder *Inda*. Bis heute ist in der französischsprachigen Literatur der Flussname gebräuchlich: Es heißt „Benoît d'Aniane, abbé de l'Inde"[22] – womit die Benediktinerabtei Kornelimünster gemeint ist.

Verfassung

Das neue Kloster wurde von Ludwig mit der Immunität ausgestattet: Inda wurde damit Reichsabtei, d. h. unmittelbar dem Kaiser unterstellt. In der von Stengel rekonstruierten Immunitätsurkunde heißt es: Das Kloster steht unter dem Schutz des Kaisers und der Verteidigung seiner Immunität („Sub nostra tuitione et immunitatis defensione").[2]

Das der Abtei eigene Territorium war *reichsunmittelbar*. Es war in etwa größenmäßig identisch mit dem noch heute sogenannten Münsterländchen (10.000 Hektar).

Hinzu kam noch weiterer externer Besitz. Der Abt war damit Landesherr und Reichsfürst. Mit der Immunität waren andererseits bestimmte Dienste gegenüber dem Kaiser verbunden: So musste er z. B. dem Kaiser Heeresfolge leisten. 1529 hatte er 8 Reiter und 90 Fußsoldaten zu stellen.[24] Einzelnen Quellen seit dem 14. Jh. ist zu entnehmen, dass der Abt von Kornelimünster bei Abwesenheit des Kölner Erzbischofs den deutschen Kaiser mitwählen durfte.

Die Zahl der Mönche wurde von Anfang an auf 30 festgelegt. Wahrscheinlich entstammten sie dem niederen Adel vom Niederrhein und aus der Eifel. Die Äbte, soweit nachweisbar, kamen aus dem höheren Adel.[25] Man wird allerdings das Bild von den religiös hoch motivierten Postulanten, die an der Klosterpforte anklopften und um Aufnahme baten, zurechtrücken müssen: „Im Kloster suchten sie nicht nur die Nähe zu Gott, sondern auch ein standesgemäßes Leben [...]. Der Betrieb der Klöster und das Leben in ihnen gründete wirtschaftlich auf dem System der feudalen Grundherrschaft."[26]

Aus dem *Liber memorialis* von Remiremont sind für einen bestimmten Zeitraum die Namen der Mönche verzeichnet: Zwischen 865 und der Mitte des 11. Jh. haben insgesamt etwa 200 Mönche in der Abtei gelebt.[27]

Mit dem Immunitätsstatus ist auch das Recht der freien Abtswahl durch den Konvent verbunden gewesen. Man wird allerdings hier generell einen Unterschied machen zwischen Theorie und Praxis: Den Klöstern wurde zwar eine Genehmigung zur freien Abtswahl erteilt, aber es gibt genügend Beispiele dafür, dass Äbte vom Kaiser eingesetzt wurden; Benedikt selbst ist weder in Aniane noch in Inda von einem Konvent gewählt worden.[28]

Nachweisbar, wenn auch nicht durchgängig, sind außer dem Abt bestimmte Ämter: Propst, Prior, Dekan, Cellerar, Custos, Cantor, Thesaurar, Hospitalar, Rektor der Schule (1346). Die Zahl der Konventmitglieder schwankte im Laufe der Zeit, ging aber nicht über die vorgesehene Zahl hinaus.

Außer vermutlich in der Anfangszeit der Abtei existierte eine Trennung zwischen Abts- und Konventsgut. Urkundlich nachweisbar sind zahllose Streitigkeiten zwischen Abt und Konvent, die ihre Ursache hatten in nicht zu harmonisierenden wirtschaftlich-finanziellen Ansprüchen beider Parteien.

Wie allgemein bei kirchlichen Immunitäten üblich wurde für Verwaltungsangelegenheiten und die Wahrnehmung von Herrschaftsrechten ein Vogt eingesetzt, gleichsam als der weltliche Stellvertreter des Abtes. Als Laie war der Vogt im Unterschied zum Kleriker rechts- und waffenfähig. Das Gerichtswesen befand sich in der Hand eines Schöffengerichts, dessen Mitglieder von Abt und Vogt bestellt wurden. Erstmals werden 1053 die Pfalzgrafen als Vögte für Kornelimünster genannt. Die Vogtei hatte hier ab 1234 über lange Zeit der Graf von Jülich inne. Zwischen Vogt und Abtei gab es dauerhaft juristische Streitigkeiten.[29]

Zum Pfarrsprengel gehörten die Orte des Münsterländchens; es gab darüber hinaus inkorporierte Kirchen und Kapellen: Dazu gehörte auch die heutige Bergkirche St. Stephanus.

Nachgewiesen sind verschiedene Bruderschaften: Bruderschaft vom hl. Blut; Bruderschaft vom hl. Kreuz (St. Stephanus); Bruderschaft vom hl. Kornelius; Rosenkranzbruderschaft.

Das Kloster unterhielt ab dem 12. Jh. ein Hospital (heute: Korneliusmarkt Nr. 12), das auch als Pilgerherberge genutzt wurde.

Bemerkenswert ist das Fehlen einer Bibliothek. „Über die Bibliothek der Abtei ist fast nichts bekannt. Bereits im frühen 18. Jh. kann sie nicht mehr bedeutend gewesen sein."[30] Die Klosterreform im Sinne Benedikts und Ludwigs ist ohne ein *Skriptorium* in Kornelimünster kaum denkbar. Dennoch gibt es keine urkundlichen oder andersartigen Belege für die Existenz einer Bibliothek im Mittelalter oder in der Neuzeit. Eine der Säulen benediktinischen Klosterlebens ist die Lesung (*lectio*), die ohne Bibliothek nicht möglich war. Über den Stellenwert einer Klosterbibliothek gibt der Sinnspruch Aufschluss, der Gottfried von Saint-Barbe-en-Auge (um 1170) zugesprochen wird: Ein Kloster ohne Bibliothek ist wie eine Burg ohne Rüstkammer (*Claustrum sine armario quasi castrum sine armamentario*).

Mit der Gründung hatte Ludwig dem Kloster einen ansehnlichen Grundbesitz (Fiskalgüter) übergeben: Neben dem Münsterländchen gehörten dazu später noch Gressenich und Eilendorf (insgesamt ca. 10.000 Hektar). Außerhalb des genannten Territoriums kamen Güter im Erftgebiet, am Mittelrhein, in Flandern und Brabant hinzu. 821 wur-

Abb. 8: Abtsbilder im Westbau der Propsteikirche

de der Abtei ein Privileg über eine generelle Zollbefreiung im ganzen Reich erteilt. Im Laufe des 10. Jh. wurde dem Kloster das Markt- und Münzrecht zugesprochen.[31]

Die Haupteinnahmequellen der Abtei waren folgende:

- Verpachtet waren neben landwirtschaftlichen Gütern (z. B. der Friesenhof in Friesenrath) Mühlen, Brauhäuser und Weinberge (Rhein). Es gab Bergbau, Erzverarbeitung (Kohle, Eisen, Kupfer u. a.), Steinbrüche, Kalköfen. Zu den Hoheitsrechten des Abtes gehörte es, Konzessionen für das Betreiben von Mühlen und Brauhäusern, für die Nutzung von Wäldern und für Jagd und Fischerei zu vergeben.
- Einkünfte aus dem Zehnten (Erträge aus der Landwirtschaft)
- Eingänge aus Renten
- Einkünfte aus Opferspenden von Gläubigen (v. a. bei den Wallfahrten).[32]

Aus den Berufsbezeichnungen, die um 1600 geläufig waren, lässt sich einiges über die damalige Gewerbestruktur im Münsterländchen entnehmen: Da gab es Schmiede, Köhler, Stollenwerker (Bergbauarbeiter), Brauer, Bossler (Herstellung von Hausteinen), Zinn- und Kupfergießer u. a. m.[33]

Abb. 9: Friesenhof in Friesenrath (Tür mit Abtswappen)

Entwicklung im Mittelalter

Wichtige *Privilegien* des Klosters wurden im Laufe der Zeit von unterschiedlichen Herrschern bestätigt und ergänzt. 948 bestätigte Otto I. der Abtei die Immunitätsprivilegien, 973 Otto II. das Recht der freien Abtswahl. Hinzu kam das Markt- und Münzrecht. Eine ähnliche Bestätigung erfolgte 985 durch Otto III. mit dem Zusatz, „dass der Zehnte des den Mönchen gehörenden Herrenlandes an der Klosterpforte als Almosen an die Armen zu verteilen sei“.[34]

Das Kloster wurde in mittelalterlicher Zeit von den Auswirkungen kriegerischer Auseinandersetzungen, Naturkatastrophen und Bränden heimgesucht. Bereits gegen Ende des 9. Jh. wurden bei Normanneneinfällen Teile des Klosters und der Kirche zerstört. 1310 kam es im Zusammenhang mit einer Auseinandersetzung zwischen dem Grafen von Jülich, der das Amt des Vogts in Kornelimünster innehatte, und Aachen zu Brandstiftung und Plünderung der Abtei durch Aachener Bürger. Erst spät erfolgte eine Wiedergutmachung durch Aachen. In der zweiten Hälfte des 14. Jh. richtete ein Brand offenbar sehr großen Schaden an.[35] In der Folge wurden beim Wiederaufbau Teile der Kirche im gotischen Stil erneuert.

Seit dem 13. Jh. ist belegt, dass der Konvent zusehends stiftische Lebensformen in Kornelimünster annahm; eine Zeit lang wurden für die Mönchskommunität die Begriffe „Kapitel“ und „Konvent“ gleichzeitig gebraucht.[36] Stiftskanoniker praktizieren ein Gemeinschaftsleben und feiern gemeinsam die Liturgie, führen aber kein Klosterleben im Sinne eines „klösterlichen Lebenswandels“, z. B. verzichten sie nicht auf persönlichen Besitz. Datiert auf das Jahr 1450 ist eine Bestimmung, die anordnet, dass jedem Konventmitglied ein bestimmter Anteil am Vermögen und am Ertrag des Klosters zusteht.[37]

Der Konvent entfernte sich damit von der Benediktusregel, der Grundnorm des Benediktinerordens, und zwar spirituell wie lebensmäßig gleichermaßen.

Belegt ist eine Anweisung der Benediktineräbte der Erzdiözese Köln (1329) an die Konvente, bestimmte benediktinische Ordensregeln einzuhalten: Armutsverpflichtung, gemeinsames Stundengebet und Essen, Tragen der Mönchskleidung u. a. m.

In der *Gallia Christiana* (1725), einer Liste mit Bischöfen und Äbten aus französischen und deutschen Bistümern und Abteien, werden die dort erwähnten Äbte mit ihrem Todesdatum aufgeführt; einige werden gerühmt als Bauherren von Kloster und Kirche, nur bei wenigen werden Anmerkungen bezüglich ihrer klösterlichen Lebensführung gemacht. Von Heinrich von Binsfeld wird berichtet, er habe eine Gruppe von Mönchen aus Weißenburg geholt und die Disziplin wieder hergestellt; er sei zudem in seinem ganzen Leben gleichermaßen fromm und klug gewesen.[38]

Entwicklung ab der Frühneuzeit

Eine Geschichte der Reichsabtei Kornelimünster ab dem Hochmittelalter muss noch geschrieben werden; es warten noch viele Archivalien in verschiedenen Archiven auf eine historische Aufarbeitung.

Baugeschichtlich fällt in diese Zeit die Erweiterung der Abteikirche um die beiden Seitenschiffe sowie der Neubau der Korneliuskapelle und des barocken Klostergebäudes.

Relativ gut erforscht ist für die Zeit ab dem ausgehenden 15. Jh. das Verhältnis zwischen der Landesherrschaft und den Untertanen des Münsterländchens und deren erste Versuche politisch, wirtschaftlich und rechtlich mitzuwirken.

Im Zusammenhang mit den Auseinandersetzungen zwischen Abt und Vogt (Herzogtum Jülich) gab es erste Widerstandsbewegungen seitens der Einwohner gegenüber ihrem Landesherrn.

Ein besonders gut dokumentierter Fall ist die Ermordung des Abtes Bertrand Goswin von Gevertzhagen (1686–1699). In der „Zeitung“ war 1699 folgende Notiz zu finden:

„Cöln, am 18. Julii st. N. ist der Hoch-Ehrwürdige des heil. Röm. Reiches Prälat/hr. Bertrandus Goswinus (gebohrener Freiherr von Gevertzhagen) Abt und Landherr der Kayserlichen freyen Reichs-Abtei/Land und Eigenthumbs zu S. Cornelii Munster/…/als mit etlichen seiner Conventualen und Knechte nach Acken/ die Reliquien daselbst zu sehen/ reiten wollen/ in einem unweit bemeldter Stadt gelegenen Busch/ der Schonfoerst genand/ erschossen worden/. Der Thäter ist/ indem die seinigen den Prälaten zu helffen/ und von der erden auffnehmen beschäfftiget gewesen/ entwichet. Und weil sonst niemand dabey beschädiget worden/ so muthmasset man/ dass diese grausame That von keinem Straßenräuber/ sondern von einem seiner Unterthanen oder Bauern geschehen/ als mit welchen er durch Process führen sehr uneinig gelebet/ auch durch den mit dem Fruchthandel von ihnen gezogenen Profit und weil er ihn öfters Korn vor Geld geweigert/ sich verhasst gemacht …“[39]

Unmittelbarer Anlass für die Auseinandersetzung war die Erhöhung der Biersteuer, die von den Hausbrauereien des Münsterländchens nicht akzeptiert wurde. Im weiteren Sinne waren der Ermordung jahrzehntelange Streitigkeiten zwischen Abt und Untertanen vorausgegangen: Es handelte sich vornehmlich um die Frage der „Partizipation der Untertanen am territorialen Steuerwesen“.[40] Ein 1676 unter Abt Johann Theodor von Hoen-Cartiels (1675–1686) zustande gekommener Vergleich, der „den zumeist bäuerlichen Vertretern des Landes das Bewilligungsrecht [für die Steuererhebung] zuerkannte“,[41] bewirkte eine Zeit lang soziale Stabilität. Bedingt durch die schwierige wirtschaftliche Lage der Abtei kam es zu „Streitigkeiten wegen der Waldnutzung“, des „abteilichen Mühlenzwangs“ und wegen der Bestrebungen des Abtes, Kleinbrauhäuser im Land zu schließen, um sich über ein

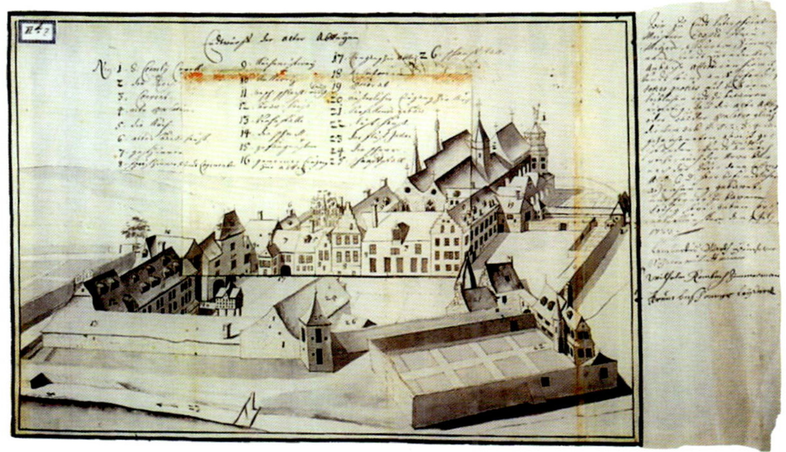

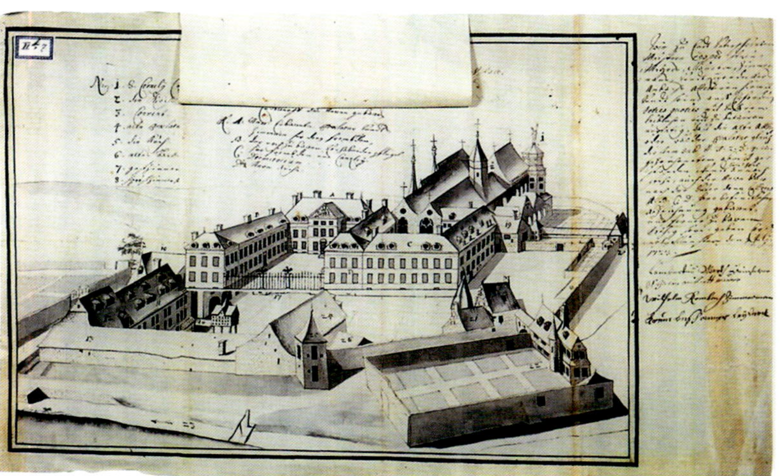

Abb. 10: Zeichnungen von Abt von Suys vor und nach dem Umbau im 18. Jahrhundert

Braumonopol die Akzise, eine indirekte Verbrauchersteuer, zu sichern. Als Landesherr vergab der Abt die Brau- und Schankkonzession. Der Entzug der Konzessionen und Hindernisse bei der Belieferung mit Malz führten zu „Zusammenrottungen", „gewaltsamen" Massenauftritten der Untertanen[42] und am Ende zu der Ermordung des Abtes von Gevertzhagen. Der Mörder des Abtes wurde ein Jahr später gefasst und verurteilt.

Eine erneute Eskalation trat ein, als Abt Graf von Suys 1719 seine Untertanen mit einer Steuerforderung von 4000 Reichstalern konfrontierte, ein Betrag, den diese für die Erneuerung der abteilichen Residenz leisten sollten. Die Untertanen weigerten sich und riefen das Reichskammergericht an. 1751, also 30 Jahre später, kam es zu einem außergerichtlichen Vergleich.

Zwischenzeitlich erfuhren die Untertanen auch Unterstützung durch eine Gruppe von Mönchen, die sich gegen den Abt gewendet hatten.[43] Die Bewohner mussten den Zuschuss nicht aufbringen. Der Abt hatte allerdings den Gerichtsentscheid nicht abgewartet und das Neubauprojekt teilweise realisiert. Dem Gericht gegenüber versuchte er nachzuweisen, dass die baulichen Veränderungen und damit auch die Kosten gering seien; er hatte zu diesem Zweck Zeichnungen der Abtei – vor und nach dem geplanten Umbau – anfertigen lassen.

Eine mehrmals eingesetzte Methode des Widerstands war die Huldigungsverweigerung der Untertanen ihrem Landesherrn gegenüber.

Nagel beschreibt die Huldigungsfeier, wie sie durchgeführt werden sollte: „Jeder neugewählte Abt hatte als Landesherr das Recht, von seinen Untertanen die Huldigung zu fordern. Während diese ursprünglich auf dem freien Platze in unmittelbarer Nähe zur Abtei stattfand, wählte man später einen Platz oberhalb der Antoniuskapelle am

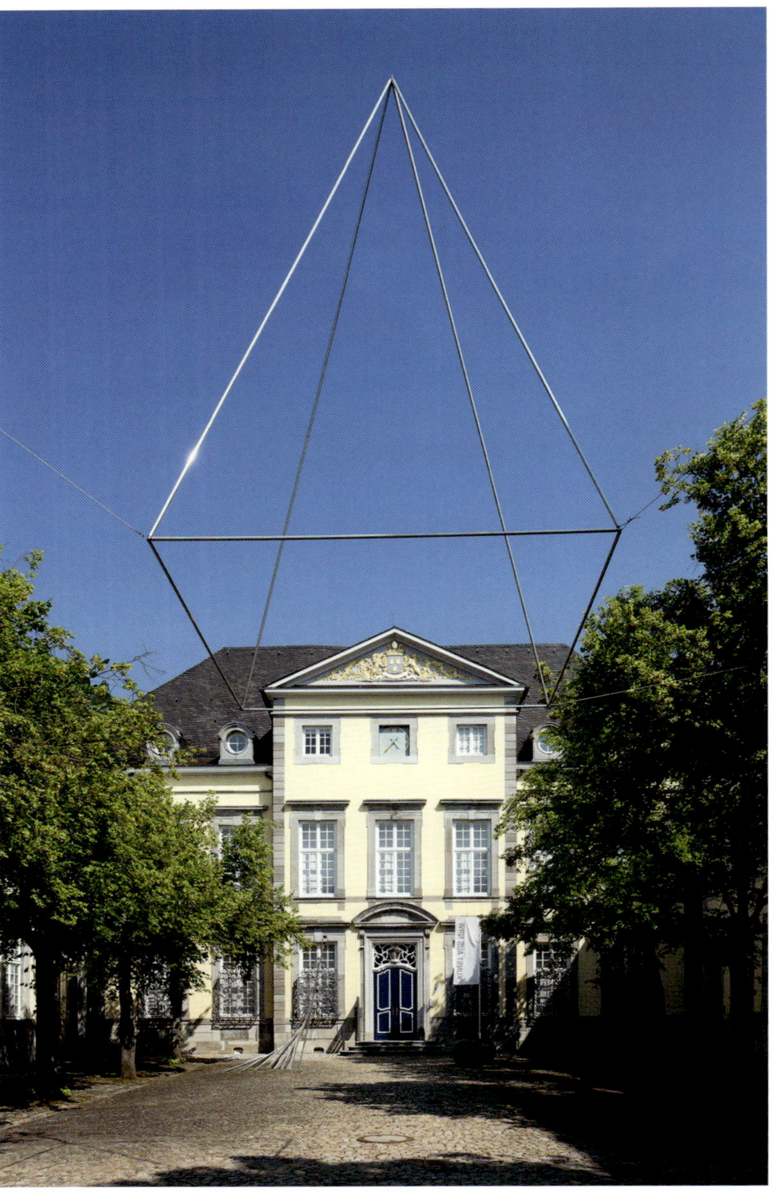

Abb. 11: Das ehemalige Abteigebäude heute

Weg nach Breinig. Hier, unterhalb des Fronhofes, wo der Blick das Tal beherrscht, wo in der Nähe die altersgrauen Ruinen des römischen Varnenum die Gemüter in eine weihevolle Stimmung versetzten, strömten am festgesetzten Tage von allen Seiten die Untertanen des Münsterländchens herbei, Beamte und Diener, die stolzen Ritter sowohl wie die einfachen Landleute. Im festlichen Aufzuge nähert sich der Abt mit seinem Hofstaat. Einer der Großen des Landes spricht den Huldigungseid. Alle legen die Hand auf die Brust. Im jubelndem Chor wiederholt das jauchzende Volk den Schwur, und über die aufhorchenden Höhen braust der Choral der deutschen Treue: Treue unserm Landesherrn, Gehorsam seinen Befehlen. Freudig bewegt winkt der Abt der wogenden Menge. Treue um Treue! Gewissenhaft will er die geheiligten Rechte des Volkes achten und schützen, die Vätersitte hegen und pflegen. In festlicher Stimmung verläßt die Menge den Platz, und bis in den Abend hinein hallt es wider im Ort von dem Jubel des freudigen Volkes.“[44]

Einige Male fiel die geforderte Huldigung aus oder wurde verschoben: Das Volk stellte bestimmte Zusagen seitens des neuen Abtes zur Bedingung. 1679 klagte der Abt beim Reichskammergericht wegen des nicht geleisteten Huldigungseids. Im 18. Jh. erfolgte bei zwei Äbten (Suys und Sickingen) die Huldigung erst, nachdem es durch einen gerichtlichen Vergleich im Streit zwischen ihnen und den Untertanen zu einer Einigung gekommen war.[45]

Über die Regentschaft des letzten Abtes von Kornelimünster, Matthias Ludwig von Plettenberg-Engstfeld (1764–1768), sind die Informationen unklar: Tatsache ist, dass er durch Kaiser Joseph II. abgesetzt wurde, indem an seiner Stelle 1768 Freiherr Carl Caspar von der Horst-Boisdorf zum Administrator der Abtei ernannt wurde. Die Absetzung erfolgte aufgrund einer Intervention des Konvents. Zur Ironie der Geschichte gehört, dass der Konvent das Ersuchen an den Kaiser mit dem Hinweis auf die Reichsunmittelbarkeit der Abtei Kornelimünster verband, einem mit der Gründung des Klosters erteilten Verfassungsprivileg der Abtei. Plettenberg lebte bis zu seinem Tod 1801 in einem Kloster in Neuss. An Gründen für die Absetzung werden genannt: Konflikte mit dem Konvent, den Untertanen und dem Erzbistum Köln, psychische Auffälligkeiten.[46]

Carl Caspar von der Horst-Boisdorf leitete als Administrator die Abtei bis zur Auflösung 1802.

1750 konnte Kornelimünster „auf eine über rund hundert Jahre sich nahezu ununterbrochen erstreckende Kette herrschaftlich-bäuerlicher Konflikte zurückschauen".[47] Allerdings: „Von einer Rezeption französischer Revolutionsideen und deren Umsetzung in revolutionäre Praxis kann freilich keine Rede sein: zu tief war das Denken der bäuerlichen Untertanen in ständischen Ordnungskonzeptionen verwurzelt."[48] Am Beispiel der Huldigungsverweigerung sei die Mentalität von Herrschaft und Untertanen erläutert: Für den Abt gehörte das Ritual der Huldigung durch die Untertanen notwendigerweise zu seinem Regierungsantritt; es war Symbol einer absolutistischen Herrschaft. Die Untertanen teilten diese Ansicht, aber je nach Situation wurde die Verweigerung als Kampfmittel gegenüber der Herrschaft eingesetzt, ohne dass den Untertanen dadurch ein Nachteil entstand. Das war ein beträchtlich entschärfter Absolutismus.

„War die Unzufriedenheit der Landeseinwohner mit dem abteilichen Regiment auch unübersehbar, so wurden die Besetzung Kornelimünsters durch Revolutionstruppen [Ende des 18. Jh.] und die ihr vorausgegangene Flucht der Mönche doch nicht als Chance begriffen, sich der ungeliebten alten Herrschaft dauerhaft zu entledigen: das Verharren in den überkommenen ständischen Ordnungsvorstellungen … setzte[n] einer Revolutionierung der ländlichen Gesellschaft deutliche Grenzen."

„Der Widerstand der Untertanen" implizierte „zu keiner Zeit eine totale Absage an das politisch-soziale System; vielmehr ist das Bestreben unübersehbar, in Abstimmung mit der Herrschaft durch gemeindliche Repräsentanten die territorialen Verhältnisse […] mitzugestalten."[49]

Über das Innenleben des Konvents gibt ein Tagebuch Auskunft, das ein Konventmitglied 1756 geführt hat; es ist in Latein geschrieben.[50] Da ist die Rede von Festessen *(merendae)* und Fasten gleichermaßen, es werden Gesellschaftsspiele erwähnt, bei denen für einen Tag die internen Rollen vertauscht wurden (der Jüngste wurde Abt) u. a. m. Überhaupt scheinen die Konventmitglieder Gefallen am Rollenspiel gehabt zu haben: Am Vorabend zum Dreikönigsfest wurde ein Kuchen aufgetischt, dessen Stücke einzelne Loszettel trugen, auf denen Ämter eines königlichen Mahles verzeichnet waren. Jeder nahm dann die gezogene Rolle für diesen Abend ein. In der Fastnachtszeit traten Schüler als Soldaten mit einem königlichen Hofstaat verkleidet auf (s. Anhang 2).[51]

1792 und 1794 wurde das Gebiet der Reichsabtei durch französische Truppen besetzt. Definitiv erfolgte 1802 die Aufhebung der Abtei durch einen Erlass Napoleons; am 16. August verließen die letzten sieben Konventmitglieder die Abtei. Bei ihrer Auflösung hatte die Abtei Schulden in Höhe von 185.238 Francs.[52]

Die Klosterkirche wurde zur Pfarrkirche von Kornelimünster. Die Klostergebäude dienten danach verschiedenen Zwecken: Tuchfabrik, Lehrerseminar (ab 1876 im Besitz des preußischen Staates), Museum. Nach 1945 erwarb das Land Nordrhein-Westfalen das Gebäude: Heute beherbergt es eine Dauerausstellung „Kunst aus Nordrhein-Westfalen".

Die Abtei hat in ihrer Geschichte Blütephasen erlebt: Das Lebenswerk Benedikts von Aniane, des ersten Abts, bestand in der Durchsetzung der Benediktusregel als alleiniger Ordensregel, was Folgen bis ins hohe Mittelalter hatte. Das heutige

Ensemble von Kirche und Klostergebäude ist das Werk herausragender Äbte: Heribert von Lülsdorf (1450–1481) und Heinrich von Binsfeld (1491–1531). Im 18. Jh. entstand unter den Äbten Hyacinth Alphons Graf von Suys (1713–1745) und Carl Ludwig von Sickingen-Ebernburg der komplette Neubau des Klosters im Stil einer schlossartigen Barockanlage (Mitteltrakt und Nordflügel 1721/28; Südflügel 1750; äußerer Südflügel 1876 – nach der Auflösung der Abtei).

Es gab dunkle Kapitel in der Klostergeschichte. Rechtsstreitigkeiten gab es in Fülle: zwischen Abt und Vogt, Abtei und dem Erzbistum Köln, Abt und Konvent, Abt und Untertanen im Münsterländchen. Insgesamt sind über 100 Prozesse vor dem Reichskammergericht nachweisbar, bei denen die Abtei als Klägerin oder als Verklagte auftrat.[53]

Der Blick auf die tausendjährige Geschichte der Abtei Kornelimünster bis 1802 hinterlässt ein zwiespältiges Urteil. Daverkosen zieht in seiner Darstellung „Die wirtschaftliche Lage der Reichsabtei Cornelimünster“ (1915) folgendes Fazit: „Bis zum Anfang des 13. Jahrhunderts sind die Mönche in Cornelimünster der Regel Benedikts treu geblieben. Sie traten auf als Glaubensboten und Kulturträger und nahmen sich der Armen und Notleidenden an. Im 13. Jahrhundert tritt ein Verfall der klösterlichen Zucht und ein Niedergang der wirtschaftlichen Lage des Klosters ein. Zwei Momente haben hauptsächlich dazu beigetragen: Das Vorherrschen des adligen Elements und das Anwachsen des klösterlichen Vermögens. Ohne Neigung und Beruf für das Ordensleben wurden die nachgeborenen Söhne der Adligen ins Kloster geschickt. Als der Besitz sich mehrte, waren die Mönche nicht mehr gezwungen, zu arbeiten, wie die Regel Benedikts es vorschrieb.“[54]

Anmerkungen

5 Kühn 2009, S. 220.
6 Flach, D.: Untersuchungen zur Verfassung und Verwaltung des Aachener Reichsgutes von der Karolingerzeit bis zur Mitte des 14. Jahrhunderts, Göttingen 1976.
7 Ermoldus Nigellus 1884, Verse 563ff.
8 Hugot 1968.
9 Vgl. Geuenich 1998; Kettemann 2000.
10 S. Kap. 4.
11 Stengel 1904 („Dank der mündlichen Tradition, die Karl d. Gr. als den Gründer ansah […], konnte man im Kloster ernstlich daran denken, im Jahre 1800 die Tausendjahrfeier zu begehen. Die Zeit war nicht dazu angetan, und man hat den Plan fallen lassen.“ S. 377, Anm. 1).
12 Kühn 1982, S. 6.
13 Stengel 1904, S. 377ff.
14 Kühn 2009, S. 220.
15 Kühn 1982, S. 10; („Die ersten urkundlichen Zeugnisse, die allgemein als Beweis für einen Patroziniumswechsel in Inda-Kornelimünster herangezogen werden, sind ge- oder verfälscht“ – so auch die Urkunde von 1028).
16 Kühn 2009, S. 220.
17 Kühn 2009, S. 220.
18 Pauls 1891, S. 172.
19 Kühn 2009, S. 220.
20 Gallia Christiana 1725, Bd. 3, S. 732 (in der Marginalspalte beide Benennungen).
21 Aachener Geschichtsverein, Kornelimünster – rechtsgeschichtlich gesehen.
22 Gobry 2005, S. 733.
23 Stengel 1904, S. 391.
24 Kühn 1982, S. 236.
25 Kühn 1982, S. 20.
26 Zettler 2009, S. 156.
27 Kühn 1994, S. 84; s. Liber memorialis.
28 Vgl. Geuenich 1988.
29 Kühn 2009, S. 224.
30 Kühn 2009, S. 227.
31 Zur Verfassung s. Kühn 1982, S. 17–49.
32 S. Daverkosen 1915.
33 Capellmann, Kornelimünster, S. 17f.
34 Kühn 2009, S. 225.
35 Kraus 1989.
36 Kühn 1982, S. 20.
37 Kühn 1982, S. 20.
38 Gallia Christiana, Bd. 3, Sp. 735.
39 „Historische Remarques der neuesten Sachen in Europa“ 1699 – zitiert nach: Gabel 1986, S. 114, Anm. 126.
40 Gabel 1995, S. 63.
41 Gabel 1995, S. 63.
42 Gabel 1995, S. 65.
43 Gabel 1995, S. 68.
44 Nagel 1925, S. 50.
45 Nagel 1925, S. 51.
46 Gabel 1995, S. 308–324.
47 Gabel 1995, S. 68.
48 Gabel 1995, S. 330.
49 Gabel 1995, S. 330–334.
50 Pauls 1908, S. 464–472.
51 Vgl. Nagel 1925, S. 27f.
52 Daverkosen 1915, S. 71.
53 Nagel 1925, S. 66.
54 Daverkosen 1915, S. 70.

Benedikt von Aniane – der erste Abt

Die Vita Benedikts

Benedikt von Aniane (750–821) war der erste Abt der Benediktinerabtei Kornelimünster. Als Berater Ludwigs des Frommen hat er im Sinne der Kirchenpolitik des Kaisers die Abtei geleitet und das Klosterleben im ganzen karolingischen Reich maßgeblich mitgestaltet.

Die zwei Abbildungen dokumentieren jeweils ein bestimmtes Bild, das sich die Nachwelt von Benedikt gemacht hat: Da ist zum einen der Abt, der vom Ordensgründer Benedikt von Nursia (um 480–547) die Benediktusregel (*Regula Benedicti*) empfängt und damit eine Autorisierung erfährt als derjenige, der die Durchsetzung dieser Regel zu seinem Lebensziel gemacht hat. Die Darstellung ist nicht historisch zu verstehen: Zwischen Benedikt von Nursia und Benedikt von Aniane liegen drei Jahrhunderte. Das Bild macht aus Benedikt von Aniane denjenigen, der im direkten Auftrag durch den Ordensgründer der Ordensregel Geltung verschafft hat und damit als *Benedictus II* installiert wird.[55]

Das zweite Bild, das ursprünglich im Abteigebäude hing, spiegelt die Verbindung von „Thron" und „Altar" wider: Benedikt ist der von Karl dem Großen Beauftragte, die „politische Theologie" der Karolinger zu realisieren. Historisch entsprechen das Bild und die Unterschrift nicht den Fakten: Weder ist Karl der Gründer noch wurde das Kloster 800 errichtet. Es handelt sich also um eine Beugung

Abb. 12: Benedikt von Nursia und Benedikt von Aniane (Kirche St. Guilhem-le Désert, Südfrankreich, 17. Jahrhundert)

Abb. 13: Benedikt und Karl der Große (früher im ehemaligen Abteigebäude Kornelimünster)

Eglise St-Sauveur
Ancienne Abbatiale
Siècle

der Fakten zum Zwecke der Erlangung größeren Ruhms – Karl war bedeutsamer als sein Sohn.[56]

Benedikt von Aniane wurde um 750 als Sohn des Grafen von Maguelone/Südfrankreich geboren; sein ursprünglicher Name lautete *Witiza*. Er war westgotischer adliger Herkunft. Ludwig holte ihn als Berater aus dem südfranzösischen Aquitanien nach Aachen an seinen Hof. Vorher hatte er eine Zeit lang am Hofe Pipins und Karls verbracht: Der Aufenthalt eines jungen Mannes am Königshof war der übliche Beginn einer aristokratischen Biographie.

Nach Ardos *Vita Benedicti* wurde sein Leben als Mönch durch zweierlei veranlasst: Zur Bekehrung (*conversio*) kam es durch eine göttliche Erleuchtung und durch den Umstand, dass er Zeuge des Todes seines Bruders wurde, der bei einem Unfall ums Leben kam (s. Anhang 1, Kap. 4). Erste Station war das Kloster Saint-Seine bei Dijon. Von dort zog er wieder zurück nach Aniane bei Montpellier, wo er auf dem väterlichen Erbgut ein Kloster errichtete, anfangs noch unter Beachtung der strengen Mönchsregeln der hll. Pachomius und Basilius. Nach der *Vita* Ardos waren die ersten Jahre von Benedikts Leben als Mönch gekennzeichnet durch den Versuch, sich dem Anspruch besonders strenger Klosterregeln zu unterstellen. „Benedikt hatte … mit der Welt, aus der er kam, vollkommen gebrochen." Benedikts Reform, „die folgenreichste im abendländischen Mönchtum benediktinischer Prägung, begann mit dem Rückzug einiger Asketen in die Einsamkeit, welche dabei nichts anderes im Sinn hatten als ein kompromissloses monastisches Leben in Askese und Kontemplation".[57] Später hat er dann die Regel Benedikts von Nursia übernommen und mit Ludwig dafür gesorgt, dass diese zur alleinigen Mönchsregel im Frankenreich wurde, zuerst in Aquitanien und später, v. a. ab 814 im ganzen Reich. Die Biographie folgt damit einem gängigen Schema von Mönchsviten: Der zukünftige Mönch bricht mit der Welt, macht verschiedene asketische Erfahrungen und gründet dann eine Mönchsgemeinschaft.

792 unterstellte er seine Abtei in Aniane dem *Schutz* des fränkischen Herrschers, die damit zur Königsabtei wurde. Von hier aus nahm er jetzt auch seine Beratertätigkeit auf, indem er selbst und seine Mitbrüder aus Aniane in Klöster anderer Regionen gingen, um für die Organisation klösterlichen Lebens nach der Benediktusregel zu sorgen. Zwecks Intensivierung dieser Beratertätigkeit holte ihn Ludwig nach Aachen und gründete das Kloster Inda: Mit dieser Umsiedlung sollte Benedikt seinen Arbeitsschwerpunkt von Aquitanien ins Zentrum des fränkischen Reiches nach Aachen verlegen. 816, 817 und 818/19 fanden hier Reichssynoden statt, die sich von Benedikts Geist inspiriert hauptsächlich mit den organisatorischen Normen des Klosterlebens befassten. 821 ist Benedikt in Kornelimünster gestorben.

Worin besteht die Bedeutung Benedikts von Aniane?

Der Klosterreformer

Es gab im Karolingerreich anfänglich eine Vielfalt von Ordensregeln, die nebeneinander Bestand hatten oder als sog. Mischregel existierten. Von nun an sollte es nur noch Mönche bzw. Nonnen geben, die ihr Klosterleben nach der Benediktusregel oder nach kanonikalen Regeln gestalteten. Die Verpflichtung auf die eine Regel (*una regula*) wurde ergänzt durch detaillierte Bestimmungen (Gewohnheiten/*consuetudines*) zu folgenden Punkten: Liturgische Praxis in den Klöstern, Handarbeit, Tagesablauf, Aufnahmeriten, Aufgaben der Oberen u. a. m.

Das Ziel war: eine Regel – eine Gewohnheit (*Una regula – una consuetudo*) im Karolingerreich. Über die Beschlüsse der genannten Synoden wurden aus den Ordensregeln Reichsgesetze. Die Beschlüsse wurden als Kapitularien vom Kaiser verkündet. Einige Beispiele aus den Beschlüssen der Aachener Synode 817: Alle Mönche sollen die Regel auswendig lernen; keiner soll alleine unterwegs sein; die Kleidung soll ein Mittelmaß einhalten zwischen einfach und kostbar; der Mönch soll nach seiner Profess drei Tage lang sein Haupt bedeckt halten; es sollen „gelehrte Brüder" ausgesucht werden, die sich mit durchreisenden Brüdern unterhalten sollen u. a. m.[58]

◁ Abb. 14: Heutige Kirche Saint-Sauveur in Aniane (Südfrankreich)

Die festgelegten Regeln haben alle eine bestimmte Intention: Der Mönch soll sich abwenden von „der Welt", um ein kontemplatives Leben zu führen. Hindernisse, die dem mönchischen Ziel der Gottsuche im Wege stehen, sollen beseitigt werden.

Mit der Übernahme der Benediktusregel erhielt das einzelne Kloster einen besonderen Rechtsstatus: Mit der Immunität wurde es aus dem Zuständigkeitsbereich des jeweiligen Territorialherren herausgenommen und von Abgaben und Steuern befreit. Mit der Reichsunmittelbarkeit unterstand es direkt dem König, der auch einen besonderen Schutz garantierte. Zudem wurde vom Kaiser das Recht der freien Abtswahl gewährt.[59]

Der vom Kaiser gewährten Immunität und Reichsunmittelbarkeit standen entsprechende Leistungen auf Seiten der Klöster gegenüber. Nach der *Notitia de servitio monasteriorum* (Synode von 818/19) wurden die Reichsklöster je nach Leistungspflicht in drei Gruppen unterteilt: 1. Klöster, die Heeresdienst und Abgaben leisteten, 2. Klöster, die lediglich Abgaben leisteten und 3. Klöster, die zum Gebet für Kaiser und Reich verpflichtet waren.[60] Das Kloster im fränkischen Reich war eine „betende Gemeinschaft, die ihre politische Aufgabe zum Wohl des Reiches durch Gebetsverbrüderungen und Aufnahme von Herrschern, Bischöfen, Klosterstiftern, Wohltätern in die klösterlichen Totengedenkbücher und den damit angezeigten Gebetspflichten"[61] wahrnahm.[62]

Immer wieder kontrovers ist die Frage diskutiert worden, ob die karolingische Klosterreform auch Auswirkungen auf die Architektur von Klöstern und Klosterkirchen hatte. Es gab in der Tat mehrere Klosterkirchen, die in der damaligen Zeit entstanden und ein ähnliches Muster aufwiesen, nämlich eine Basilika mit dreiteiligem Westtrakt und östlichem Zellenquerhaus mit Dreiapsidenschluss: Steinbach (sog. Einhardbasilika), Maursmünster, Argelliers und eben auch Kornelimünster. Ob man die genannten Gebäude „anianische Reformbauten"[63] nennen soll und damit einen Bezug zu der karolingischen Klosterreform unter Ludwig herstellt, ist erheblich umstritten. Jacobsen registriert eine „anianische Baugesinnung":[64] „Eine Kleinheit der Kirchen scheint architektonisches Ziel der Reformer gewesen zu sein … Nicht nach äußerlicher, repräsentativer Öffnung waren Leben und Architektur hier forderungsmäßig ausgerichtet, sondern nach innerlicher, geradezu familiärer Einkehr der Mönchsgemeinschaft, wie sie die Regula s. Benedicti verlangte."[65]

Mit der Etablierung der Benediktusregel als einziger Regel ging die Phase der Mischregeln zu Ende. Ab diesem Zeitpunkt kann überhaupt erst von „Benediktinern" als einer Ordensgemeinschaft mit einer gemeinsamen Regel gesprochen werden, auch wenn es damit noch keinen gemeinsamen Dachverband gab, weil die Autonomie des Einzelklosters weiterhin galt. Die Klöster, die sich der neuen Norm nicht anschließen wollten, wurden automatisch unter die Kanoniker eingeordnet.

Benedikt hat bei den Synodenbeschlüssen als „*spiritus rector*" (Semmler) im Hintergrund gestanden. Allerdings: „Der damit angedeutete Einfluss Benedikts auf die politische und verfassungsrechtliche Entwicklung des Frankenreiches bis 821 lässt sich nur schwer abschätzen."[66]

Es gab bereits zu seinen Lebzeiten Widerstände gegen die eine Regel und die eine Gewohnheit. Darauf deutet nicht zuletzt die Tatsache hin, dass nach Benedikts Tod (821) die Reformbestrebungen verebbten.[67]

Der Kirchenpolitiker

Benedikt hat im Sinne der Aachener Synodenbeschlüsse und mit Hilfe der kaiserlichen Kapitularien versucht, seine neuen Klosterregeln durchzusetzen. Sicher scheint zu sein, dass er in der Angelegenheit viel gereist ist und dass er Mitbrüder in andere Klöster geschickt hat, um auf die monastische Organisationsform Einfluss zu nehmen. Ob das Indakloster dabei in besonderer Weise als ein „Musterkloster" fungierte, ist nicht eindeutig auszumachen. Man kann nur Vermutungen darüber anstellen, wie der vom Kaiser beauftragte Supervisor in Regelangelegenheiten dabei auftrat.

Der Ertrag der lebenslangen Arbeit Benedikts, seine Klosterreform, ist ein „Gesetzeswerk", das auf den Synoden 816–819 verbindlich festgelegt wurde. Dieses „Gesetzeswerk" hat „für mehr als 1000 Jahre, bis zum II. Vatikanischen Konzil, das Bild des benediktinischen Mönchtums entscheidend geprägt", „war jedoch nur Teil des weit umfangreicheren Regierungsprogramms Ludwigs, der das *imperium* erneuern und einen wollte durch eine erneuerte und geeinte Kirche."[68] Ludwig hat die Verpflichtung der Klöster auf das Prinzip der einen Regel in sein Regierungsprogramm einbezogen: Politisches Ziel war die Einheit von Kirche und Reich innerhalb der Erneuerung des Reiches der Franken.

Die Charakterisierung von Benedikts Aktivität im Rahmen seines monastischen Programms in Ardos *Vita Benedicti* ist eindeutig: Er überzeugt erfolgreich Kaiser und Mitbrüder von der Richtigkeit der Benediktusregel, viele Einzelheiten im Bereich der Gewohnheiten werden festgelegt, im Unterschied zu seiner ersten Lebensphase ist er im konkreten Umgang allerdings auch kompromissfähig, er geht stets mit gutem Beispiel voran und beansprucht keinerlei Vorzugsbehandlung. Widerstand gegen seine Reform wird angedeutet: Ardo sieht den „alten Feind" (*hostis antiquus = Teufel*) (s. Anhang 1, Kap. 11) am Werke, wenn er Meinungsverschiedenheiten feststellt und es sich nicht so entwickelt, wie es das Programm Benedikts vorsieht. Im damaligen Kontext war der Konflikt um die eine Regel ohnehin nicht nur allein eine Auseinandersetzung um geistig-religiöse Positionen. Es ging ebenso um lang existierende örtliche Traditionen und um politische und materielle Interessen. Möglicherweise sahen die Grafen bei Einführung der karolingischen Reichsklöster ihren Einfluss schwinden. Mit der Erwähnung des „alten Feindes", also des personifizierten Bösen, interpretiert Ardo den Kampf zwischen Benedikt und seinen Gegnern als weltgeschichtliche Auseinandersetzung und schreckt auch vor Einseitigkeiten nicht zurück: Der „alte Feind" habe zuerst die Kleriker angestiftet, Benedikt zu verleumden, dann die Ritter am königlichen Hofe, dann die Grafen. „... alle waren gleichermaßen von der Geißel der Mißgunst infiziert." „Den, der ständig für ihre Seelen betete, nannten sie laut einen habsüchtigen Wandermönch und Usurpator fremder Besitztümer." (s. Anhang 1 Kap. 11). Der „alte Feind" wird in vergleichbaren Zusammenhängen auch in der Vita des Benedikt von Nursia an verschiedenen Stellen bemüht.[69]

Der Kirchenhistoriker und Ordensmann

Seinem Einsatz für die Geltung der Benediktusregel sind zwei seiner Werke zuzuordnen: Im *Codex regularum* hat Benedikt vor- und nachbenediktinische Ordensregeln östlicher und westlicher Herkunft zusammengestellt. In der *Concordia regularum* wird die Benediktusregel mit den Vorschriften der Vorgängerregeln verglichen. Wichtigste Intention dabei war, im Vergleich mit den anderen Regeln die Richtigkeit seiner Entscheidung für die Benediktusregel im Sinne eines Autoritäts- und Traditionsargumentes zu begründen:

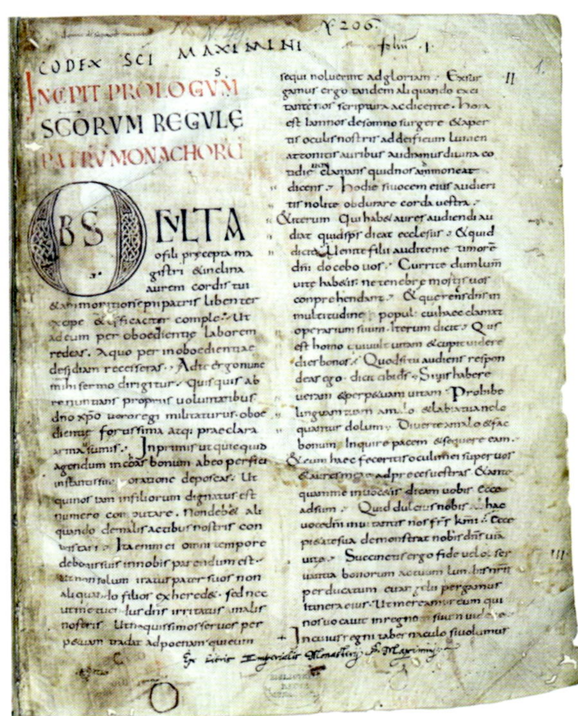

Abb. 15: Benedikt von Aniane, Codex regularum – Handschrift, 9. Jh. Bayerische Staatsbibliothek Clm 28118

Nach den Abschnitten aus der Benediktusregel fügte Benedikt unter Angabe der Herkunft korrespondierende Passagen aus anderen Regeln an, um auf diese Weise wichtige Übereinstimmungen zu kennzeichnen (s. Anhang 1, Kap. 13). Dank der Zusammenstellung Benedikts sind heute 26 der 32 damals existierenden Mönchsregeln bekannt.

In einem anderen Text hat Benedikt speziell Bußbestimmungen für Mönche aus der Benediktusregel zusammengestellt.

Der Theologe und der Mann der Kirche

Das Konzil von Nicäa hatte bestimmt, dass Jesus „wahrer Gott aus wahrem Gott" ist. Um 800 war im Karolingerreich, v. a. in Aquitanien und in Spa-

Abb. 16: Dreifaltigkeitsmotiv (Gewölbe des Mittelschiffs in der Propsteikirche)

nien, eine Irrlehre entstanden, nach der Jesus Christus nicht wesenhaft Gott, sondern nur ein von Gott „adoptierter" Sohn gewesen sei – Adoptianismus genannt. 799 beschäftigte sich eine Synode in Aachen mit dem Adoptianismus. Bischof Felix von Urgell (Spanien), ein Hauptvertreter dieser häretischen Christologie, war selbst in Aachen. In der *Vita Benedicti* heißt es: „Als zu dieser Zeit sogar jene Provinz von der bösen Lehrmeinung des *Felicianus* befallen worden ist, ging Benedikt mit der göttlichen Hilfe im Innern aus diesem unheilbringenden häretischen Irrtum unangefochten hervor. Durch seinen Einsatz entriß er der Häresie viele, nicht nur Rangniedrige, sondern auch Prälaten der Kirche. Er ließ sich oft in den Kampf gegen die unheilvolle Lehrmeinung ein und bediente sich der Disputationen als wahrer Wurfnetze …" (s. Anhang 1, Kap. 5).

Benedikt hat zum Adoptianismus Stellung bezogen, und zwar sowohl textlich als auch als nach Spanien entsandter Kirchenvertreter. „Für uns ist Jesus Christus einer, der Sohn Gottes und der Menschensohn, das Wort Gottes und das Fleisch, beide haben gelitten, sind gestorben und begraben worden … Es gibt keine Trennung von Gott und Mensch."[70]

Benedikt befand sich damit auf dem Boden des von der Kirche festgelegten Glaubens (Konzil von Nicäa) und den Aussagen des Neuen Testaments. Paulus bekennt im Hymnus seines Briefs an die Philipper (Phil 2,6–11): „Er, der in Gottesgestalt war, erachtete das Gottgleichsein nicht als Beutestück; sondern er entäußerte sich selbst … erniedrigte […] sich selbst und wurde gehorsam bis zum Tod, bis zum Tod am Kreuz." Für Benedikt und die anderen karolingischen Theologen haben Kreuz und Tod Jesu als Gott und Mensch deswegen eine so entscheidende Bedeutung, weil das Kreuz die Quelle der Erlösung darstellt.[71]

In der *Vita* heißt es anlässlich des Klosterbaus in Aniane: „Der verehrungswürdige Vater Benedikt ließ nämlich diese Kirche in weiser Voraussicht nicht irgendeinem Heiligen als Hauptpatron weihen, sondern – wie wir schon gesagt haben – auf den Namen der göttlichen Dreifaltigkeit … Benedikt [hielt] es für zweckmäßig, an den bedeutendsten der Altäre von unten her drei Altarplatten zu stellen, damit man in diesen (Altarplatten) die Gegenwart der Dreifaltigkeit bildlich gezeigt sieht."[72]

Benedikts Brief an Bischof Nebridius kurz vor seinem Tod endet: „Es beschütze Euch die Heilige Dreifaltigkeit."[73]

Es werden Benedikt noch weitere theologische Texte zugeschrieben, so z. B. ein *Florilegium*, eine Zusammenstellung von Sentenzen der Kirchenväter.[74]

Die „monastische Theologie" Benedikts

Nach den von Benedikt erhaltenen Schriften ist Glauben keine rein intellektuelle Betätigung, sondern eine Angelegenheit des „Herzens"; umgekehrt ist allerdings der alleinige Glaube des „Herzens" ohne ein intellektuelles Fundament im wahrsten Sinne des Wortes haltlos.[75]

Benedikt geht von einer Art Fundamentaltheologie aus, die die Inhalte des Glaubens für intellektuell einsichtig erklärt. Er spricht von einer *forma fidei;* gemeint sind damit die überlieferten Glaubensinhalte, wie sie aus der Bibel, von den großen christlichen Konzilien und den Kirchenvätern her überliefert sind. Diese Glaubensinhalte sind Kenntnisse einer unsichtbaren Realität, oder anders ausgedrückt: Diese *forma fidei* ist das Ergebnis einer christlichen Erkenntnis, die am Ende zu einem Wissen gelangt, dass Gott das ist, was der Glaube ihm sagt. Der Weg dahin ist der Weg vom Geschöpf zum Schöpfer. Diese Kenntnis im Rahmen der Glaubenstradition muss für Benedikt übergehen in die Anbetung Gottes, er nennt es Bekenntnis (*confessio*); oder anders ausgedrückt: Es ist der Weg von der „Wissenschaft" zum „Gottverlangen".[76]

Die Gottsuche endet in der Liebe (*amor*), und zwar in der Gottes- und Nächstenliebe gleichermaßen. Benedikt stellt ausdrücklich einen Zusammenhang her zwischen dem theoretischen und dem mehr praktischen Teil: Gebet, Lektüre, Meditation und Studium tragen dazu bei, die Liebe in beiden Formen zu entwickeln. Leclercq spricht von einer Weiterentwicklung der *forma fidei* hin zu einer *forma caritatis* (Liebe).[77] Der dazugehörige Begriff ist für Benedikt Freundschaft (*amicitia*). Zu dem, der sich in besonderer Weise Gott geweiht hat, dem Mönch, gehört die Freundschaft, sie ist gleichsam der Kern seines Mönchseins.

Am Ende der Abhandlung über die Freundschaft steht ein Lobpreis der Weisheit (*sapientia*). Wenn die Frömmigkeit nicht mit Weisheit verbunden wird, dann ist sie eine Schlichtheit, die mit der Dummheit identisch ist. Mit Hilfe dieser frommen Weisheit umgeht der Mönch zwei Extreme: Er ist weder in einem naiven Sinne dumm noch orientiert er sich an der „Intelligenz der Schlange", die wegen ihrer fehlenden Demut das Böse repräsentiert. In ihrer Gottsuche verbindet die „Schlichtheit der Taube" beide Pole.[78]

Stellen wir uns Benedikt im Kapitelsaal des Indaklosters bei einem Vortrag vor seinen Mitbrüdern vor: Benedikt empfiehlt nach dem Vorbild der Kirchenväter, den Lehrern des geistlichen Lebens, das Streben nach Weisheit. Unter Weisheit versteht Benedikt die Fähigkeit, Vernunft und Glaube zusammenzubringen. Der Mönch wird von ihm ausdrücklich dazu aufgefordert, seine Vernunft anzuwenden; Glaube ohne Vernunft sei danach in einem schlechten Sinne naiv. Nach Leclercq hält es Benedikt sogar für eine „teuflische Illusion zu glauben, dass ein Mönch nicht die Kenntnis der Weisheit anstreben darf".[79] „Nur die Kenntnis darüber, wie man weise wird, führt zur Freundschaft mit Gott." „Wenn wir durch die Weisheit Gottes Freund geworden sind, gehorchen wir ihm." Wie es in Joh 15,14 heißt: „Ihr werdet meine Freunde, wenn ihr mir gehorcht." „Wenn du von Gott geliebt werden willst, liebe die Weisheit." „Suche also Gott, damit du von ihm gesucht wirst. Suche immer sein Antlitz, damit du gestärkt wirst." „Wer sie [die Weisheit] hört, wird gefestigt im Glauben und die Herzen werden dadurch rein." Ausdrücklich heißt es: Dem Mönch ist erlaubt, „durch Weisheit nach Erkenntnis zu streben".[80]

Benedikt hat hier in Ansätzen ein Programm formuliert, wie es über Jahrhunderte vor allem im benediktinischen Kontext entwickelt und gelebt wurde und in den Begriffen „Wissenschaft" und „Gottverlangen" zum Ausdruck kommt.

Der Liturgiereformer

Benedikt hat das *Sacramentarium Gregorianum* in der karolingisch adaptierten Fassung bearbeitet und ergänzt.[81] Ein Sakramentar ist ein kirchliches Buch, in dem Texte und Riten für die Eucharistiefeier und andere Liturgien/Gottesdienste verbindlich festgelegt sind. Zum Beispiel ist in den durch Benedikt erfolgten Ergänzungen der Gebetstexte für die Toten- und Bestattungsliturgie die Sünde ein Ergebnis der persönlichen Verantwortungslosigkeit des Toten; in der vorher geläufigen Sprache war die Rede von der Sünde als Resultat der irdischen Gebrechlichkeit und der Einwirkung des Teufels. Benedikt kennzeichnet das Verhältnis zwischen Gott und Mensch damit als ein eher juristisches.

Das Gebet, das den Ritus der Krankensalbung begleitet, endet – anders als die ursprüngliche Fassung – mit: „Ich salbe Dich im Namen des Vaters und des Sohnes und des Heiligen Geistes … so dass Du geheilt und gestärkt wirst durch die Kraft der Heiligen Dreifaltigkeit (*virtus sanctae trinitatis*)“.[82] Der Autor hat hier eine trinitätstheologische Akzentsetzung vorgenommen.

Zusammenfassung

„Wohl keine zweite der prägenden Gestalten des frühmittelalterlichen Mönchtums hat im Laufe der Zeit solch verschiedenartige Würdigungen erfahren wie Benedikt von Aniane. Seine große Bedeutung für die grundlegenden Weichenstellungen, die für die Geschichte des christlichen Mönchtums um 800 vorgenommen wurden, blieb dabei immer weitestgehend anerkannt.“[83] Ein Urteil über Benedikt von Aniane als Person und über die Resultate seines Lebenswerkes abzugeben ist nicht einfach: Die schwierige Quellenlage ist nicht zuletzt der Grund dafür, dass keine Eindeutigkeit erzielt werden kann. Hinzu kommt die sehr unterschiedliche Rezeption bereits zu seinen Lebzeiten. Die damals geläufige enge Verbindung von Kirche und Staat tut ein Übriges. Kirchlich-theologische Sachverhalte waren mit politischen Absichten so eng verwoben, dass sie schwer zu trennen sind.

An der verbindlichen Institutionalisierung der Benediktusregel als alleiniger Mönchsregel war Benedikt maßgeblich beteiligt. Die Entscheidung für die Benediktusregel spiegelt auch die Entwicklung wider, die Benedikt der *Vita* Ardos zufolge selbst durchlebt hat: Nach der *conversio* lief sein spiritueller Weg über ein strenges Asketentum hin zu einem mittleren Weg zwischen Rigorismus und Unverbindlichkeit in der monastischen Lebensführung. Dokument dieses mittleren Weges ist die Benediktusregel. In ihr verbinden sich kirchlich-theologische Grundsatztreue mit menschlicher Klugheit. Insofern hat die Entscheidung für die Benediktusregel als einzige Regel wichtige sachliche Argumente auf ihrer Seite.

In der *Vita Benedicti* von Nursia heißt es vom Ordensgründer: „Er schrieb eine Regel für Mönche, ausgezeichnet durch maßvolle Unterscheidung (*discretio*) und wegweisend durch ihr klares Wort.“[84] Die Unterscheidung verhindert ein Absehen von der Gebrechlichkeit (*fragilitas*) (RB 64, 13) des Menschen.

Einige Beispiele aus der Regel mögen den Satz erläutern:

- Vom Abt heißt es: „So halte er in allem Maß, damit die Starken finden, wonach sie verlangen, und die Schwachen nicht davon laufen“(RB 64, 19). „Er sei nicht stürmisch und nicht ängstlich, nicht maßlos und nicht engstirnig, nicht eifersüchtig und allzu argwöhnisch. Sonst kommt er nie zur Ruhe“(RB 64, 16).
- Vom Cellerar heißt es: „Er mache die Brüder nicht traurig. Falls ein Bruder unvernünftig etwas fordert, kränke er ihn nicht aus Verachtung, sondern schlage ihm die unangemessene Bitte vernünftig und mit Demut ab“(RB 31, 7).
- Zum wöchentlichen Dienst in der Küche wird gesagt: „Die Brüder sollen einander dienen. Keiner werde vom Küchendienst ausgenommen“ (RB 35, 1).
- Vom Weinkonsum heißt es: „Zwar lesen wir, Wein passe überhaupt nicht für Mönche. Weil aber die Mönche heutzutage sich davon nicht überzeugen lassen, sollten wir uns wenigstens darauf einigen, nicht bis zum Übermaß zu trinken, sondern weniger“(RB 40, 6).
- Von unpünktlichen Brüdern heißt es: „Wir lassen die unpünktlichen Brüder bewusst auf dem letzten Platz oder abseits stehen, damit sie von allen gesehen werden, sich schämen und deshalb sich bessern“(RB 43, 7).
- „Müßiggang ist der Seele Feind“(RB 48, 1), darum ist für den Mönch der Tag durch unterschiedliche Tätigkeiten geordnet.
- „Alles aber geschehe der Kleinmütigen wegen maßvoll“(RB 48, 9). Das lateinische Wort für

„maßvoll“ taucht hier wie bei der Charakterisierung des Cellerars und des Abtes auf: Maßhalten (*mensurate*) ist eine Grundhaltung, die angesiedelt ist zwischen zwei Extremen. Die Benediktusregel greift hier Inhalte auf, die das Christentum aus der antiken „Lebenskunst“ übernommen hatte.

Im Unterschied zur Einführung der Benediktusregel ist Benedikt von Aniane die detaillierte Festlegung monastischer Lebensformen im Bereich der Gewohnheiten (*consuetudines*) nicht gelungen.

Benedikt hat bei der Verfolgung seiner Ziele staatlich-juristische Methoden angewandt. Nach heutigem Verständnis würde man sagen: Benedikt hat den fränkischen Staat dazu genutzt, eine Reform der Klöster durchzusetzen oder auch umgekehrt: Ludwig der Fromme hat Benedikt dazu eingesetzt, die religiös-politischen Grundlagen für das fränkische Reich bereitzustellen.

Wie sah Benedikt an seinem Lebensende sein Werk selbst? Der letzte Brief an die ehemaligen Mitbrüder in Aniane ist gekennzeichnet durch die Sorge um das Gelingen seiner lebenslangen Bemühungen, nämlich die Benediktusregel in den Klöstern zu etablieren. Im Abschiedsbrief Benedikts an Abt Georg und die Gemeinschaft von Aniane heißt es: „Benedikt, der geringste aller Äbte, der selbst kurz vor dem Tode steht, wünscht dem Abt Georg des Klosters Aniane, dem im Herrn Christus besonderes Glück und Gelingen zuteil ist, und all unseren Brüdern und Söhnen, die die Regel unseres Vaters Benedikt wohl beachten, Heil. Über allen Dingen nun, die mein Herz bewegen und die vor allem meine Sorge erheischen, steht, daß ich wegen Eures Standes hinsichtlich des Lebens nach der Regel äußerst beunruhigt bin. Natürlich übersehe ich keineswegs, daß Ihr Euch ehrbar abmüht … Wenn, wie man sieht, viele lange Zeit verderbte Klöster durch uns aufgrund von Gottes Großmut bereits etwas Besserung erfahren haben, so kümmert jetzt Ihr Euch in jeder Hinsicht darum, daß sie zu keiner Zeit einen falschen Weg einschlagen können, was aber – ich bitte Dich, barmherziger Herr – fern sei. Dem Kloster Inda aber und seinen trefflichen Brüdern bleibt verbunden … Ich teile Euch (das) jetzt auf diese Art und Weise mit, weil ich nicht weiß, ob ich Euch in dieser Welt (noch) sehen werde“ (s. Anhang 1, Kap. 15).

Benedikt von Aniane aus späterer Sicht

In der Kurzvita der *Epistula Indensium*, bei der es sich um eine spätere Ergänzung zum ursprünglichen Brief der Indener Mönche handelt, heißt es: „Dieser ist Benedikt, durch den der Herr Christus im ganzen Reich der Franken die Regel des heiligen Benedikt wiederherstellte. Er hatte zwölf Klöster unter seiner Leitung: Aniane, Gellone, Casanova, Ile-Barbe, Menat, Saint-Savin, Saint-Mesmin [=Micy], Massay, Corméry, Celleneuve im Toulousain, Maursmünster im Elsaß und Inden, das auf Befehl des Kaisers für ihn und seine Schüler erbaut und aus königlichen *fisci* dotiert wurde. In all diese Klöster schickte er Mönche und *rectores* seiner (monastischen) Schule. Er kümmerte sich intensiv um jeden kirchlichen Stand, den der Mönche, Kanoniker und Laien, besonders allerdings um die Mönche. Der Kaiser hörte und befolgte seinen Rat gerne, weshalb er von einigen auch der ‚Mönch‘ genannt wird, nämlich weil er die Mönche des heiligen Mannes (Benedikt) aus Liebe zu diesem immer seine eigenen nannte.“[85]

J. Semmler sieht, dass Benedikt „die staatliche Gewalt in Anspruch nehmend“ alle anderen monastischen Traditionen „in den Bereich des Kanonikertums“ abdrängte. „Wenn so bis weit ins 12. Jahrhundert hinein es nur noch Mönche auf benediktinischer Grundlage … geben sollte“, dann „verdient der Heilige aus Aniane … die ehrenvolle Bezeichnung ‚Benedictus II‘ zu Recht.“[86]

Bezogen auf die gesamte „karolingische Reform“ spricht P. Engelbert von „einer Geburtsstunde des benediktinischen Mönchtums“. Benedikt von Aniane könne mit größerem Recht als Benedikt von Nursia „Gründer der Benediktiner“ genannt werden.[87]

In der heutigen Nachfolgekirche St. Sauveur der ehemaligen Abtei von Aniane in Südfrankreich hat eine Association Saint Benoît d'Aniane aus ihrer Sicht die Verdienste und Eigenschaften Benedikts von Aniane benannt: Sie hebt vor allem seine Frömmigkeit und Menschlichkeit hervor (s. Anhang 3).

Die Benediktinerabtei Kornelimünster entwickelte sich seit dem Hochmittelalter bis zur Auflösung

(1802) als ein Kloster, das immer mehr kanonikal geprägte Lebensformen übernahm und damit das Gegenteil dessen praktizierte, was ihr Begründer Benedikt gewollt hat. Erst die Rückkehr der Benediktiner nach Kornelimünster im Jahre 1906 hat erneut die Benediktusregel zur Geltung gebracht.

Anmerkungen

55 S. Semmler 1983.
56 Pauls 1891, S. 172.
57 Engelbert 1990, S. 76.
58 MGH Leges 1, S. 200ff. (http://daten.digitale-sammlungen.de/~db/pdf/1351439107bsb00000876.pdf 2013-09-01).
59 Vgl. Geuenich 1988, S. 108f.
60 Becker, Notitia de servitio monasteriorum, S. 493–499.
61 Engelbert 1990, S. 68.
62 Zur überlieferungskritischen Einschätzung der Notitia: Kettemann 2000, S. 339–484; Geuenich 1998, S. 106f.
63 Jacobsen 1990, S. 647.
64 Jacobsen 1990, S. 653.
65 Jacobsen 1990, S. 648; vgl. Geuenich 1998, S. 99f.
66 Semmler 1958, Sp. 201.
67 Vgl. Kettemann 2009, S. 86.
68 Engelbert 1990, S. 97.
69 Gregor der Grosse, Dialoge 2, 1,5 u. a.
70 Benedikt von Aniane, Migne Patrologia Latina 103, 1408D–1409A.
71 Chazelle 2001, S. 52–69.
72 Edition/Übersetzung Kettemann 2000, S. 166.
73 Edition/Übersetzung Kettemann 2000, S. 223.
74 Dolbeau 2008.
75 Vgl. Leclercq 1963.
76 Leclercq 1963: Im Originaltitel des Buches von Leclercq kommt das Anliegen Benedikts noch deutlicher zur Sprache (L'amour des lettres et le désir de Dieu).
77 Leclercq 1948, S. 72.
78 Leclercq 1948, S. 74.
79 Leclercq 1948, S. 74.
80 Leclercq 1948, S. 62–64.
81 Deshusses 1965.
82 (Sacramentarium Gregorianum) Le sacramentaire Gregorianum, 3.146.
83 Kettemann 2009, S. 86.
84 Gregor der Grosse, Dialoge 2, 36.
85 Edition/Übersetzung Kettemann 2000, S. 214.
86 Semmler 1983, S. 48.
87 Engelbert 1997, Sp 213.

Die Propsteikirche St. Kornelius

Baugeschichte

Der Besucher, der die heutige Propstei- und ehemalige Klosterkirche St. Kornelius von außen anschaut oder sie durch einen der beiden Eingänge betritt, nimmt einen schwerpunktmäßig gotisch gestalteten Kirchenraum wahr, der durch spätere baustilistische Elemente ergänzt worden ist. Die vielfältige Baugeschichte verdankt die Kirche ihrer Doppelfunktion als Kloster- und Wallfahrtskirche.

Von der ursprünglichen karolingischen Klosteranlage im Anschluss an den Westbau der Kirche ist nur wenig bekannt. An die Stelle des alten Klostergebäudes trat im 18. Jh. eine zweigeschossige Barockanlage.

Die Baugeschichte der Kirche kann grob folgendermaßen skizziert werden:

- Der karolingische Ursprungsbau (814–817) der Klosterkirche kann aufgrund von archäologischen Grabungen (1886–89/1960–67) folgendermaßen beschrieben werden: Es handelte sich um eine dreischiffige Basilika mit östlichem Querhaus und drei Apsiden. Der mittleren Apsis war ein Chorrechteck vorgelagert. Die Vierung, das nördliche und das südliche Querhaus bestanden jeweils aus einem quadratischen Raum. Das Mittelschiff wies drei Bogenstellungen auf. Das Langhaus war 10,70 m breit und 9,22 m lang. Ein Triumphbogen trennte das Chorrechteck vom Mittelschiff, woran sich auf der anderen Seite ein quadratischer Westbau (mit Annexbauten) anschloss, der dann in das Klostergebäude überging. Drei quadratische Räume bildeten den Westvorbau. An der Ostseite des mittleren Raumes befand sich das Eingangsportal der Kirche. Von einer dort gefundenen Doppelgrabanlage wird vermutet, dass sie als die geplante Grablege des Stifters Ludwig und seiner Gemahlin dienen sollte. Richtung Westen schloss sich das Klostergebäude an.[88]
- Möglicherweise sah die karolingische Kirche ähnlich aus wie die Einhardbasilika in Michelstadt/Steinbach.

Abb. 17: Modell der Einhardbasilika Steinbach (Michelstadt im Odenwald)

Exkurs: Kornelimünster und der St. Galler Klosterplan

Es sind immer wieder Vermutungen darüber angestellt worden, ob der Bau von Kirche und Kloster in Kornelimünster in Zusammenhang steht mit dem St. Galler Klosterplan. Dieser ist vermutlich im Kloster Reichenau unter Abt Haito zwischen 816–837 als Auftragsarbeit für Abt Gozbert von St. Gallen entstanden. Der Plan stellt eine Art Konzept darüber dar, wie ein Kloster beschaffen sein muss: Kirche, Kreuzgang, Wohngebäude der Mönche, Haus des Abtes, Wirtschaftsgebäude u. a. m.[89]

Der Entwurf der ersten Kirche auf dem Klosterplan, der heute nur noch über eine Rekonstruktion am Pergament sichtbar ist, zeigt ein dreischiffiges Basilikalanghaus mit einem östlichen und westlichen Querhaus.

L. Hugot hat die Ergebnisse seiner Ausgrabungen in Kornelimünster bezogen auf Klostergelände und Kirche folgendermaßen interpretiert: Das durch die Immunitätsmauer abgegrenzte Klostergelände des karolingischen Gebäudes bestand aus einem Quadrat aus 100 m Länge. Der Eingang zur Abtei befand sich an der westlichen Mauerseite. Der auf der west-östlichen Achse gelegenen Kirche habe ein „Maßschema zugrunde gelegen". „Es ist eine faszinierende Strenge, die diese Anlage ausstrahlt. Die Gleichseitigkeit der Umgrenzung, die Achsialität des Gotteshauses und die errechenbaren Schemata des Grundrisses lassen uns vermuten, daß hier mehr beabsichtigt wurde, als nur ein Kloster zu gründen. Hier wurde ein Muster geschaffen", und dieses Muster sei dem St. Galler Klosterplan nachgebildet. Hugot geht davon aus, dass der St. Galler Klosterplan in Aachen entstanden ist und als eine Art Muster fungieren sollte für die Klosterarchitektur im Rahmen der karolingischen Klosterreform. Die Tatsache, dass die Klosterkirche auf dem Plan von St. Gallen ungleich größer ist als die von Kloster Inda, erklärt Hugot folgendermaßen: „Der Urplan, der dem St. Gallener Plan als Unterlage diente, entstand in der Aachener Hofschule, und zwar vor dem Reformwirken eines Hl. Benedikt von Aniane. Erst bei den Reichssynoden gab es eine Reduzierung auf das notwendige Maß. Man zeichnete keinen neuen Plan, sondern man begnügt sich, durch Eintragung der gültigen Maße dem Reformgedanken gerecht zu werden." Die asketische Strenge Benedikts ist also die Ursache dafür, dass die Kirche in Kornelimünster kleiner geraten ist als die in St. Gallen. Aber: Der „Musterkirche in Inda" (Kornelimünster) und der korrigierten Kirche des Klosterplanes liegt, so Hugot, das gleiche Maßschema zugrunde.[90]

Die These von der Beziehung zwischen karolingischer Klosterreform und Architektur – insbesondere dem St. Galler Klosterplan – ist heute in der Forschung umstritten.[91] Fraglos zeigt ein Vergleich zwischen der Rekonstruktion des ersten Kirchenentwurfs in St. Gallen und dem karolingischen Grundriss der Abteikirche des Indaklosters Ähnlichkeiten. Ob damit zeitliche und kausale Zusammenhänge existieren, ist nicht geklärt.

- An der Südseite des karolingischen Querhauses ist ein rechteckiger Baukörper (Innenmaße 5,65 x 3,95 m) nachweisbar. Zwischen Querhaus und neuem Raum befand sich eine Tür. Hugot hält den Erweiterungsbau für ein Martyrium, in dem Reliquien eines Märtyrers aufbewahrt wurden. „Mit großer Wahrscheinlichkeit steht der Anbau des Martyriums mit der Translatio der Märtyrergebeine in unmittelbarem Zusammenhang."[92]
- 881 und 892 wurde die Abtei durch eine Normanneninvasion teilweise zerstört.
- Ab dem Ende des 10. Jh. entstand unter Kaiser Otto III. nach Zerstörungen der Kirche ein neues Gebäude: eine dreischiffige Pfeilerbasilika mit flacher Holzdecke und einem zweigeschossigen und dreiteiligen Westbau. Pfeiler und Westbau sind in ihrer Grundsubstanz bis heute erhalten. Stilistisch wird der Kirchenbau der Ottonen (10. Jh.) unterschiedlich eingestuft: als vorromanisch, ottonisch oder romanisch (markante Beispiele für diese Kirchenbauphase: St. Michael in Hildesheim, St. Pantaleon in Köln).
- In der 2. Hälfte des 13. Jh. kam es zu einem grundlegenden Umbau der Konventkirche: Die quadratischen Pfeiler blieben erhalten; erneuert wurden ab dem Kämpfergesims Bögen und Obergaden.
- Anfang des 13. Jh. wurden zudem das (inzwischen erweiterte) Martyrium entfernt und eine einschiffige Pilgerkirche mit südlichem Portalvorbau getrennt von der Konventkirche errichtet.

- Zu Beginn des 14. Jh. kam es zu einer umfassenden gotischen Erneuerung des Kirchenraums: An das flach gedeckte Mittelschiff wurde ein Chorraum mit zwei- und dreibahnigen Fenstern mit hochgotischem Maßwerk (Drei-, Vier- und Fünfpässe) und Fünfachtelschluss angebaut.
- In der 2. Hälfte des 14. Jh., möglicherweise nach einem Brand um 1370, entstand anstelle des südlichen Seitenschiffs eine Pilgerkirche mit zwei ungleich großen Schiffen. Die Rundsäulen des heutigen Südschiffs stammen aus dieser Zeit. Zwischen Konventkirche und Pilgerkirche gab es über die Bogenöffnungen eine Verbindung.
- Bis zum 14. Jh. war das Untergeschoss des Westbaus eine offene Vorhalle, die als Ort für Bestattungen und Gerichtsverhandlungen diente. Im südlichen Annexbau des Obergeschosses befand sich bis 1532 der Aufbewahrungsort der Heiligtümer.
- Nach Zerstörungen wurde der Westbau in anderen Formen wieder aufgebaut: „Die Nord- und Südmauer wurden glatt hochgeführt. Die westlichen Öffnungen der beiden Mauern wurden geschlossen.“[93] Von Westen her war jetzt eine Blausteinfassade mit einem Rundbogenfenster im Untergeschoss und einem großen sechsbahnigen Fenster im Obergeschoss zu sehen.
- In der Mitte des 15. Jh., unter Abt Heribert von Lülsdorf (1450–1481), entstanden die heutigen Südschiffe: ein Kirchenraum mit zwei gleich großen Schiffen. Konventkirche und Pilgerkirche (Marienschiff außen, Annaschiff innen) waren über die Bogenöffnungen miteinander verbunden. Auf einem Schlussstein des äußeren Südschiffes ist das Ende der Bauzeit angegeben (1470). In dieser Zeit wurde auch das Mittelschiff eingewölbt. Halbsäulen, die auf die quadratischen Pfeiler aufgesetzt wurden, tragen das Kreuzrippengewölbe.
- Im 16. Jh. wurden der nördliche Teil des Westbaus angebaut und das gesamte Untergeschoss des Westbaus eingewölbt sowie die beiden Nordschiffe errichtet: Zwischen Mittelschiff und innerem Nordschiff (Benediktusschiff) wurden die Obergadenfenster entfernt. Stattdessen wurden Arkaden auf polygonalen Pfeilern mit Spitzbögen errichtet. Das innere Nordschiff erhielt einen Chorraum, wobei zwischen dem hochgotischen Chor und dem Benediktuschor die Fenstermaßwerke entfernt wurden. Das (äußere) Kreuzschiff schließt östlich mit einer Doppelkapelle ab (Sakristei und Heiligtumskapelle). Der Kapelle westlich gegenüber befindet sich die sog. Abtloge. Anzunehmen ist, dass diese baulichen Veränderungen während der Amtszeit des Abtes Heinrich von Binsfeld (1491–1531) abgeschlossen wurden: Der Schlussstein im eingewölbten Westbau, die Tür zwischen Westbau und Nordschiff und die Tür der Abtloge tragen sein Wappen.

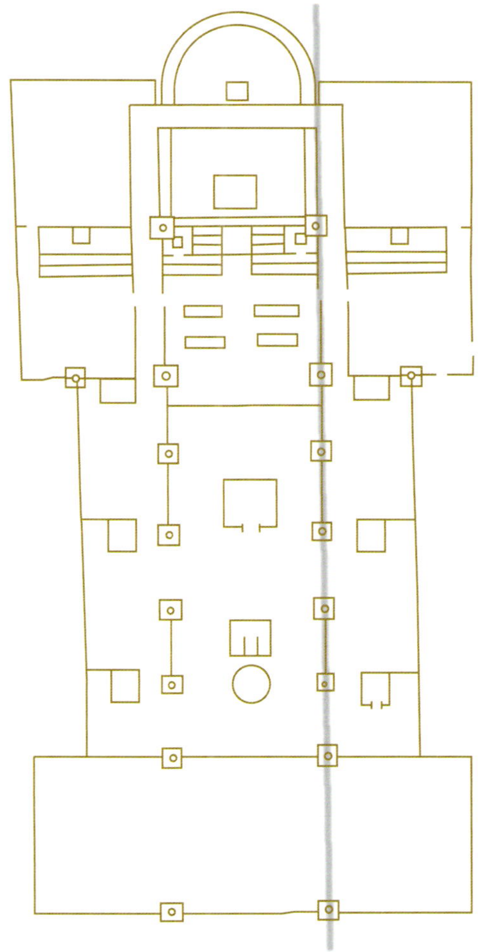

Abb. 18: Erster Kirchenentwurf des St. Galler Klosterplans

- Im 17. Jh. baute man außen über dem Hauptchor und den Chören der Nordschiffe die Galerien zur öffentlichen Zeigung der Heiligtümer. Das Innere der Kirche erfuhr unter dem Abt Hermann von Eynatten (1620–1645) eine barocke Ausgestaltung; Hochaltar, Benediktusaltar und

Gemälde sind erhalten geblieben. Der in der Barockzeit vorgenommene Kalkputz ist inzwischen vom Gemäuer wieder entfernt worden.

- 1706 wurde im Osten des Hauptchores die achteckige Korneliuskapelle errichtet. Das Mittelfenster des gotischen Chores wurde aus diesem Grund vermauert.
- In der 2. Hälfte des 18. Jh. wurde das Kircheninnere nach Entwürfen des Aachener Architekten Johann Joseph Couven im Rokoko-Stil verändert: Davon erhalten geblieben sind das Dekor des Hauptaltars, die Kommunionbänke und das Orgelgehäuse.
- Im 19. und 20. Jh. kam es zu z. T. umfangreichen Restaurierungsarbeiten (Dach, Außenmauerwerk, Egalisierung des Bodenniveaus). Bei der Veränderung der Dachkonstruktion 1835 wurde das Dach des Mittelschiffs mit dem des inneren Nordschiffs zusammengefasst. Das hatte eine Vereinheitlichung der zwei Westbaugiebel zu einem zur Folge.
- 1898 erfuhr der Laternenaufsatz einschließlich der Korneliusstatue auf der Korneliuskapelle eine Erneuerung.

Baumaterial

Das Baumaterial für Kloster und Kirche lag sozusagen vor der Haustüre: Mindestens seit römischer Zeit (Varnenum) sind im Münsterländchen Dolomite und Kalke gebrochen und bearbeitet worden. Bis heute werden Steinbrüche betrieben – wenn auch nicht mehr wie in früheren Zeiten: Eine Aufstellung von 1767/68 verzeichnet 32 Steinhauermeister in der Region.

Beim Gang rund um die Propsteikirche fällt auf, dass im Wesentlichen Bauteile des späten 15. und frühen 16. Jh. das äußere Erscheinungsbild prägen. Ältere Bauphasen sind entweder nur archäologisch nachweisbar oder im Innern (Pfeiler) abzulesen. Lediglich wenige Joche des (seitlichen) Chorschlusses des Mittelschiffes stammen aus der Zeit um 1330, sie sind durch den Anbau der Korneliuskapelle am Beginn des 18. Jh. verstellt.

Die beiden südlichen Seitenschiffe stammen von ca. 1470. Ihr unregelmäßiges Bruchsteinmauerwerk besteht vorwiegend aus hellbräunlichem Dolomit. Die Strebepfeiler weisen großformatige Quadersteine auf, die aufgrund ihrer statischen Funktion auch sorgfältiger zugerichtet sind.

Bemerkenswert ist, dass die Strebepfeilerköpfe aus Buntsandstein, dessen nächste erreichbare Vorkommen an der Rur bei Nideggen liegen, ausgeführt sind. Die Auswahl des rötlichen Buntsandsteins für die steinmetzmäßig bearbeiteten Strebepfeilerköpfe hatte vielleicht nicht nur technische, sondern möglicherweise auch symbolische Gründe: Das „imperiale Rot“ des Steins kann auch als Zeichen für einen Herrschaftsanspruch interpretiert werden.

Austauschgestein besteht aus anderen, sehr hellen Sandsteinvarietäten, für kleine Vierungen auch aus artfremdem Muschelkalkstein. Geht man von einem Bauverlauf beginnend an der Apsis aus, dann zeigen die westlichen Strebepfeiler bereits eine Eckquaderung aus Blaustein, der durch seine hellgraue Farbe deutlich auffällt. Vielleicht lassen sich hierbei gestiegene Qualitätsansprüche unterstellen, sofern es sich nicht um jüngeres Austauschgestein handelt. Das nicht sehr sorgfältig ausgeführte Mauerwerk legt nahe, dass die Oberflächen – wie zu dieser Zeit üblich – mit einer Verschleißschicht gefasst waren. Diese Kalkschlämme dichteten das Mauerwerk ab, schützten den Untergrund vor eindringendem Wasser und ließen sich farblich fassen. Die heute so geschätzten steinsichtigen Oberflächen sind erst ein Ergebnis der Romantik des 19. Jh.

Die beiden nördlichen Seitenschiffe mit den zwei Treppentürmen entstanden am Beginn des 16. Jh. Bereits das äußere Erscheinungsbild der Nordfassade zeichnet sich durch eine völlig andere Versetztechnik des Mauerwerks und die ausschließliche Verwendung von Blausteinen ab. Bemerkenswert sind die sehr großen Formate der Steinquader und ihre sehr exakte Bearbeitung durch Scharrierung mit umlaufendem Randschlag. Offensichtlich war Abt Heinrich von Binsfeld (1491–1531) finanziell in der Lage, das Bauvorhaben in einer ausgesprochen repräsentativen Form umsetzen zu lassen. Anders ist die Ausführung in der gewählten Form nicht zu erklären und zu werten, denn obwohl das Baumaterial vor Ort zu finden war und der Abt Territorialherr über Reichsabtei, Ort und Steinbrüche war, mussten

Abb. 19: Südschiffe der Propsteikirche

Abb. 20: Strebepfeiler des Chors

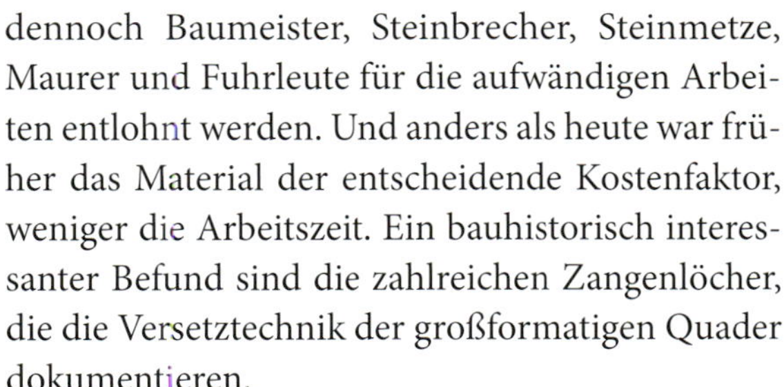

dennoch Baumeister, Steinbrecher, Steinmetze, Maurer und Fuhrleute für die aufwändigen Arbeiten entlohnt werden. Und anders als heute war früher das Material der entscheidende Kostenfaktor, weniger die Arbeitszeit. Ein bauhistorisch interessanter Befund sind die zahlreichen Zangenlöcher, die die Versetztechnik der großformatigen Quader dokumentieren.

Auffällig ist auch, dass in den oberen westlichen Jochen des inneren nördlichen Seitenschiffes die Mauertechnik deutlich an Qualität abfällt. Hier hat man kleinere, unformatierte und wohl dolomitische Bruchsteine versetzt, die nicht mehr an den hohen Standard der nördlichen Schauseite heranreichen.

Die Maßwerke der Fenster im gotischen Chor sind in den 1860er Jahren erneuert worden: Die neuen Maßwerke sind aus Weiberner Tuff (Weibern/Eifel) geschlagen. Erhalten blieb das Maßwerk in dem vermauerten Mittelfenster der Apsis und in einem dreibahnigen Fenster der Südseite.

Der um 1330 entstandene Fünfachtel-Chorschluss des Mittelschiffs zeigt wieder das bereits bekannte Bild der südlichen Seitenschiffe: Eine Mauertechnik aus unregelmäßig versetzten Bruchsteinen, die dolomitischer Herkunft zu sein scheinen. Die Strebepfeiler sind aus Quadersteinen versetzt, die Strebepfeilerköpfe aus Buntsandstein geschlagen. Beim Anbau der nördlichen Seitenschiffe oder auch später hat man eine Vorderkante eines Strebepfeilers grob abgearbeitet, um dem zugebauten Mittelschifffenster eine Mindestbelichtung zu verschaffen.

Der Giebel des Westbaus zeigt ebenfalls eine Verblendung aus großformatigen Blausteinquadern. Sie dürfte zeitgleich oder jünger als die Nordschiffe sein. Die Maßwerke der beiden Fenster sind ein moderner Ersatz aus Ettringer Tuff (Ettringen/Eifel).

Das Innere der Kirche zeigt überwiegend gefasste Oberflächen, die Materialfragen müssen daher offen bleiben. Die Böden sind seit 1822 diagonal

Abb. 21: Nordschiffe

mit Blausteinplatten in Schachbrettmuster belegt, sie zeigen zwei helle und dunkle Varietäten.

Die oktogonale Korneliuskapelle aus dem Anfang des 18. Jh. ist aus Ziegelsteinen erbaut, das Langkurzwerk der Gebäudeecken ist aus sorgfältig scharrierten, mit Randschlägen versehenen Blausteinquadern gefügt.[94]

Baubeschreibung

Die folgende Baubeschreibung kann für einen ersten Rundgang durch die Propsteikirche benutzt werden, der der Orientierung dient. Eine detaillierte Beschreibung ist im Abschnitt „Ausstattung: Mönchs- und Pilgerkirche“ zu finden.

Von außen

Die Kirche liegt zwischen den im 18. Jh. neu errichteten Klostergebäuden im Westen und dem Benediktusplatz im Osten. Im Norden grenzt sie an den Bergrücken, auf dem die Bergkirche St. Stephanus (mit dem alten Friedhof) zu finden ist. Im Süden liegen der Korneliusmarkt und das alte Rathaus von Kornelimünster. 1835 erfolgte eine Ver-

Abb. 22: Westbau ▷

Abb. 23: Luftaufnahme von Kornelimünster

Abb. 24: Abteigelände

einheitlichung der Dächer: Mittelschiff und inneres Nordschiff wurden in einem Satteldach zusammengefasst. Es folgt der gotische Chorraum mit den Galerien. Richtung Osten endet der Kirchenbau mit der oktogonalen Korneliuskapelle. Deren Dach krönt eine Korneliusstatue.

Der Südeingang ist der ursprüngliche Eingang, durch den die Pilger das Gebäude betraten. Das Portal wird umrahmt von zwei steinernen Figuren: Bei der linken handelt es sich um den hl. Kornelius; die rechte Figur stellt den hl. Cyprianus von Karthago dar.

Innenrundgang

Wenn man durch den Nordeingang (8) die Kirche betritt, hat man vom Nordschiff aus einen Blick in alle Himmelsrichtungen und erhält einen ersten Eindruck von der baugeschichtlichen und stilistischen Vielfalt: Zur Rechten erblickt man den Westbau mit der Orgel, eingefasst in das Rokokogehäuse aus dem 18. Jh., Richtung Süden richtet sich der Blick zuerst auf das gotische Mittelschiff, aufbauend auf den Säulen aus romanischer Zeit, dahinter auf die zwei später errichteten Pilgerschiffe aus dem 15. Jh. Richtung Osten ist der barocke Hochaltar (mit dem im Rokokostil gehaltenen Tabernakel) in der Apsis der gotischen Chorhalle sichtbar. Im östlichen Teil des Mittelschiffs steht das ursprüngliche (gotische) Chorgestühl des Mönchkonvents. Der Betrachter überblickt damit 900 Jahre Baugeschichte.

Der Innenraum der Klosterkirche besteht aus den folgenden Teilen, die jeweils für sich eine eigene Funktion hatten: Westbau, Mittelschiff und Chor waren Orte der Mönchsliturgie, das Südschiff diente als Pilgerkirche und das Nordschiff der Zeigung der Heiligtümer.

Westbau (B)

Aus dem ehemals über sechs Bogenöffnungen nach außen hin offenen, mittleren Raum des Untergeschosses ist inzwischen ein geschlossener Raum geworden, der von der Gemeinde als Werktagskirche benutzt wird. In der Mitte der Ostwand befand sich bis ins 13. Jh. das Hauptportal der Kirche. Vor dem Portal liegt ein Doppelgrab, das möglicherweise die geplante Grablege des Kaiserpaares war und durch zwei Platten im Boden markiert ist.

Bei archäologischen Ausgrabungen wurden hier weitere sieben Gräber aus dem 9.–14. Jh. gefunden. Eine der Blausteingrabplatten ist am Ostende des Nebenraums (Schatzkammer) aufgestellt worden.

Westoratorium

Nicht mehr vorhanden, weil 1895 abgebrochen, ist das sog. Westoratorium: Es handelte sich um einen Vorbau, der sich von der Mittelschiffwestmauer bis über das zweite Pfeilerpaar (ostwärts) erstreckte. Das Oratorium diente als Standort der Orgel und des Chorgestühls, das heute im östlichen Mittelschiff, dem Ort seiner ursprünglichen Aufstellung, Platz gefunden hat. Bis zum Umbau stand die Orgel auf der nach Osten vorgezogenen Empore mit vier Säulen. Der Spieltisch war an der Rückseite des Gehäuses angebracht, umgeben vom Chorgestühl der Mönche. Hauptwerk und Rückpositiv waren eine Einheit. 1963 ist die Empore neu gebaut worden.

Mittelschiff (A)

Das heutige Mittelschiff ist das Ergebnis einer langen Baugeschichte: Aus dem Gebäude aus ottonischer Zeit (10. Jh.) entstand über mehrere Umbauten ein gotischer Kirchenraum mit einer reichen Gewölbeausmalung.

Im 15. Jh. wurde aus der flachen eine gewölbte Decke. Dabei wurden Halbsäulen mit Sockeln und Kapitellen auf die älteren Pfeiler aufgesetzt. Die Halbsäulen (Dienste) tragen das neu entstandene Kreuzrippengewölbe.

An der Südwand sind noch die ursprünglichen Obergadenfenster zu sehen, ohne dass heute Licht durch sie einfällt. An der Nordseite entstand beim Anbau der Seitenschiffe eine Arkadenreihe. Unter der Orgelempore sind zwei Sitztruhen aufgestellt, die aus dem 16. Jh. stammen. Heute ist das Mittelschiff der Ort der Gemeindeliturgie.

Chor (C)

Um 1320 wurde der Chorraum angebaut, der damals höher war als das flach gedeckte Mittelschiff. Es lassen sich dabei architektonische Einflüsse der

Abb. 25: Propsteikirche von Süden

Kölner Dombauhütte nachweisen. Die Fenster waren zwei- und dreibahnig angelegt. Mit Errichtung der Seitenschiffe wurden die Fenstermaßwerke und Brüstungen des Chores im ersten Joch zum Südschiff und in zwei Jochen zum Nordschiff hin geöffnet. Das Mittelfenster wurde beim Bau der Korneliuskapelle vermauert.

Chorgestühl (3)

1997–99 wurde das gotische Chorgestühl (3), das zu Beginn des 14. Jh. für die Abtei hergestellt worden ist, restauriert und wieder an der vermutlich ursprünglichen Stelle im östlichen Mittelschiff aufgestellt. Archäologisch nachgewiesen sind im Bereich des heutigen Altars Fundamente eines Lettners, der das Chorgestühl vom Mittelschiff abtrennte.

Südschiffe (D)

Die zwei Südschiffe waren der Ort der Reliquienverehrung. Aus dem kleinen Martyrium des 9. Jh. und einem später gebauten separaten Pilgerschiff wurde zu Beginn des 15. Jh. eine zweischiffige Hallenkirche, die ein Doppelschiff mit zwei ungleich großen Teilen (14. Jh.) ersetzte. Die Pilger betraten über den Südeingang das äußere Marienschiff und zogen anschließend durch das Annaschiff wieder zurück.

Nordschiffe (E)

Die zwei Nordschiffe sind entsprechend ihrer Funktion ungleich gebaut: Das innere Schiff endet im Osten mit einem Fünfachtel-Chorschluss und dem Benediktusaltar. Das äußere Schiff schließt im Osten mit einem doppelgeschossigen Bau ab, in dessen Obergeschoss die Heiligtümer aufbewahrt werden.

Korneliuskapelle (G)

Über zwei Eingänge links und rechts neben dem Hochaltar gelangt man in die Korneliuskapelle. Die 1708 eingeweihte Kapelle stellt historisch das Ende der vielfältigen Baugeschichte der ehemaligen Abteikirche dar. Es handelt sich um einen oktogonal konstruierten Zentralbau. Entstanden ist sie unter Abt Rütger Stephan von Neuhof-Ley (1699–1713). 1708 wurde sie eingeweiht.

Beim Bau ist das Mittelfenster des Chors vermauert worden, um die Kapelle anschließen zu können.

Ausstattung: Mönchs- und Pilgerkirche

Baugeschichtlich betrachtet ist die Propsteikirche das Ergebnis ihrer Nutzung. Im Laufe der Zeit wurde aus dem Ort, an dem die Mönchsliturgie gefeiert wurde, auch der Ort der Verehrung der hier aufbewahrten Reliquien durch Pilger. Wenn man bauliche Veränderungen wie die Errichtung des neuen Altars und die neuen Fenster von W. Buschulte (1971–1976) noch mit zur Baugeschichte hinzu zählt, kann man von einer beinahe 1200 Jahre währenden baulichen Gestaltung dieser Kirche sprechen.

Architektonisch vereint die Propsteikirche verschiedene Baustile – außen wie innen gleichermaßen. Für heutiges Stilempfinden wurden hier zum Teil verschiedene Unverträglichkeiten miteinander verbunden. Bauliche Veränderungen wurden häufig ohne Rücksicht auf die bestehende Bausubstanz vorgenommen.

Chor (C)

Der Blick in die Kirche zeigt einen gotisch gestalteten Raum (Kreuzrippengewölbe, Spitzbögen), der im Laufe der Zeit allerdings baustilistisch verändert wurde. Der gotische Chor, der in Kornelimünster am ehesten Eigenheiten dieser mittelalterlichen Architektur repräsentiert, hat im Lauf der Geschichte erheblichen Schaden genommen; beim Bau der Seitenschiffe und der Korneliuskapelle wurde in die gotische Bausubstanz eingegriffen: Zum Südschiff hin ist die Seitenfläche eines Joches, zum Nordschiff hin die Seitenfläche von zwei Jochen verschwunden. Beim Anbau der Korneliuskapelle wurde das mittlere Fenster verschlossen.

Die „leichte Überhöhung des Raumes" – das Mittelschiff war noch flachgedeckt – „seine Geschlossenheit, die ausgewogenen Proportionen und vor allem aber auch seine zarten Maßwerkfenster verliehen dem Raum eine Schönheit, die wir heute nur erahnen können".[95] Das trifft vor allem auf die Eigenheiten gotischer Baukunst zu: Die Wände sind in der Gotik zugunsten eines Stützen- und Gliederbaus aufgelöst. Die Fenster haben keine Wandöffnungen, sondern wirken wie durchleuchtende Wände. Anders ausgedrückt: An die Stelle von Wänden treten große Fensterflächen. Das Ergebnis einer derartigen Architektur ist eine Entmaterialisierung des Kirchengebäudes. Dieses Prinzip der Diaphanie (durchscheinende, selbstleuchtende Wände) ist etwa in der Chorhalle des Aachener Doms formvollendet zu finden.

Nach alter theologischer Tradition symbolisiert das Kirchengebäude das Himmlische Jerusalem, die endzeitliche Vision der Apokalypse des Johannes von einer neuen Welt (Apk 21,2–5). Erreicht wird diese Symbolisierung durch die für die Gotik typische Gestaltung des Raumes. Das Himmlische Jerusalem wird dabei zu einem Bild für die höchste Vollkommenheit, die von Gott herrührt und gleichzeitig identisch ist mit Schönheit, die für das Mittelalter zwei Merkmale aufwies: Proportion und Licht. Beide Merkmale lassen über das sinnlich Gegebene das Immaterielle aufscheinen. So werden Proportion und Licht zu Manifestationen Gottes. „Dieser Vision des Sehers Johannes eifern die gotischen Kathedralen nach. Und bekennen: Gott ist Licht, Gott ist Farbe, Gott ist schön, Gott ist da."[96] An einem sonnigen Tag befindet sich der Besucher in einem lichtdurchfluteten Chor, dessen durchlässige Wände ihn in einen Schwebezustand zwischen Himmel und Erde versetzen.

Über dem Durchgang vom Chor zum Annaaltar (Südseite) hängt ein Bild niederländischer Herkunft (17. Jh.) mit einem Kreuzigungsmotiv: Maria, Johannes und Maria Magdalena stehen unter dem Kreuz Jesu. Rechts neben dem Hauptaltar an der südlichen Chorwand hängt eingerahmt an der Wand ein Antependium (17. Jh.). Die Fenster des Hauptchores sind 1960 durch den Glasmaler Franz Pauli erneuert worden.

Hochaltar (1)

Der barocke Hochaltar (1) stammt aus der Zeit des Abtes Hermann von Eynatten (1620–1645) und hat die Altarmensa aus dem 14. Jh. verdeckt. Bei dem Holzantependium handelt es sich um das Stück einer umgebauten Bank aus einer Kirche in Brüggen.

PETRUS
AULUS

Abb. 27: Hochaltar, Mittelschiff und Chor

Auf der unteren Ebene des Hochaltars ist eine Kreuzabnahme von Gerhard Douffet (1595–1660), einem Schüler von Peter Paul Rubens, zu sehen. Mehrere Männer nehmen den Leichnam Jesu vom Kreuz. Als Jünger links neben dem Kreuz wird traditionellerweise Johannes dargestellt. Die auf dem Bild links neben Johannes stehende Maria zeigt auf einen schwarzen Kasten, auf dessen Deckel eine Inschrift und auf dessen vorderer Wand das Stifterwappen zu sehen sind: „DANTE IUVANTE DEO“ (durch den gebenden, helfenden Gott / kurz: Mit Gottes Hilfe) ist vermutlich die in einem Hexameter-Halbvers ausgedrückte Devise des Stifters, des Abtes Hermann von Eynatten. Das Bild wurde 1802 von den Franzosen beschlagnahmt und kam 1815 wieder nach Kornelimünster.[97]

Darüber ein Bild eines unbekannten niederländischen Malers aus dem 17. Jh.: *Jesus erscheint Maria Magdalena*. An der Spitze des Hochaltars ist eine Holzfigur des auferstandenen Christus angebracht.

Der Altar hat um 1750 eine Ergänzung im Rokoko-Stil durch Johann Joseph Couven erfahren. Das spätbarocke Rokoko ist gekennzeichnet durch eine

◁ Abb. 26: Chorraum

Abb. 29: Mittelschiff von Osten

Abkehr von der Symmetrie. Verwendet werden asymmetrisch rahmende Ornamente in ausschwingenden Muschelformen. Auf dem Tabernakel ist in der Mitte ein Relief des letzten Abendmahls zu sehen; rechts und links davon zwei Motive aus dem Alten Testament: das Opfer Isaaks und der Mannaregen. Seitlich rechts und links davon sind der hl. Cyprianus und der hl. Kornelius zu sehen. Die Konzepte für die Rokoko-Ergänzungen der Bilderrahmungen und der seitlich angebrachten Türen mit den Statuen der hll. Petrus und Paulus sowie der Kommunionbank stammen von Couven.[98] Einzelheiten hinsichtlich der handwerklichen Ausführung sind nicht bekannt.[99] Auf dem Rahmen ist das Wappen des Abtes Carl Ludwig von Sickingen abgebildet.

Die Ausstattungsergänzungen – Hochaltar und Orgelprospekt – aus dem Barock und Rokoko, die sich am West- und am Ostende der Kirche gegenüberstehen, verleihen dem heutigen Kirchenraum ein ganz eigenes Gepräge: Stilistisch uneinheitlich, aber eben darin auch Hinweis auf die Zeitgebundenheit der künstlerischen Gestaltung eines „Gotteshauses".

◁ Abb. 28: Hochaltar

Abb. 30: Gewölbe im Mittelschiff

Abb. 31: Südschiffe von Westen

Abb. 32: Südschiffe von Osten

Mittelschiff (Konventkirche) (A)

Das Gewölbe des Mittelschiffs aus dem 16. Jh. weist eine Besonderheit auf: Das Rippengeflecht verdichtet sich zur Mitte hin und die einzelnen Rippen münden in einen Kreis, der ein Dreieck im Strahlenkranz enthält. Im Dreieck selbst blickt ein Auge nach unten – in traditioneller Symbolik das „allwissende Auge Gottes". Mit der Aufschrift wird die implizite Dreifaltigkeitssymbolik des Dreiecks zur Sprache gebracht: Gott ist dreifaltig und einer (*Deus trinus et unus*) und Gott ist das wahre Licht (*Deus lux vera*). Auftraggeber und Künstler haben damit ein zentrales Dogma des christlichen Glaubens gestaltet: Im großen Glaubensbekenntnis (Nicäno-Konstantinopolitanum 451) wird Gott erklärt als eine Einheit, in der drei Personen (Gott Vater, Jesus Christus, Heiliger Geist) unterschieden sind. Ob mit der Gewölbegestaltung auch an den ersten Abt des Klosters, Benedikt von Aniane, erinnert werden soll, kann nur vermutet werden: In Benedikts Theologie spielte die Trinitätstheologie eine herausragende Rolle. Das

Abb. 33: Südschiffe im Licht der Fenster von W. Buschulte

Abb. 34: Taufstein

Abb. 35: Gewölbeschlussstein im Südschiff

Licht als Metapher für Gott gehört ebenfalls zur traditionellen religiösen Bildsprache. Zahlreiche Kirchenlieder haben das Licht zum Inhalt: „Du höchstes Licht, du ewger Schein, du Gott und treuer Herre mein, von dir der Gnaden Glanz ausgeht und leuchtet schon so früh und spät“ (Johannes Zwick 1544).

Südschiffe (Pilgerkirche) (D)

Beide Schiffe dienten früher der Reliquienverehrung. Der Haupteingang war identisch mit dem heutigen Südeingang, durch den die Pilger in die Kirche einzogen.

Mit Hilfe des Schlusssteins im zweiten Joch des äußeren Schiffs lassen sich genaue Angaben über die Entstehungszeit der Südschiffe machen: In lateinischen Zahlen und in Form einer in gotischen Minuskeln gesetzten mittelhochdeutschen Inschrift heißt es dort: „Im Jahr 1470 wurde dies fürwahr geschlossen.“ Es war die Zeit des Abtes Heinrich von Binsfeld (1450–1481).

In der Vorhalle des Südeingangs stehen außen zwei Steinfiguren auf mit Wappen geschmückten Sockeln: Der Erlöser in der linken Hand eine Weltkugel haltend und Maria mit Kind (16. Jh.).

Im Inneren gehören die zwei Beichtstühle zur Rokokoausstattung der Kirche (rechts ein Original, links eine Kopie). Das Bild *Christus in der Einsamkeit* zwischen den Stühlen ist ein Werk aus dem 17. Jh. Der Marienaltar (4) in der Apsis des äußeren Schiffes verbindet einen gotischen Altarunterbau mit einem barocken Aufsatz. Auf dem Altar hat eine Madonnenstatue aus dem 14. Jh. in einer muschelverzierten Nische Platz gefunden.

Im inneren Schiff befindet sich in der Apsis der Annaaltar. Rechts und links neben dem Altar sind drei Epitaphe von Äbten aus dem 17. Jh. aufgestellt. Am westlichen Ende des Annaschiffes steht ein Taufstein maasländisch-gotischer Herkunft, dessen Bronzedeckel 1968 von Klaus Iserlohe gestaltet wurde.

An der Westmauer des äußeren Südschiffes ist ein Inschriftstein zu finden, der vorher an der Außenmauer der Kirche angebracht war. Das sog. Triumphkreuz an der Westwand ist eine Arbeit aus dem 19. Jh.

Annaaltar (5)

1501 befand sich für kurze Zeit die Schädelreliquie der hl. Anna in Kornelimünster. Um die Reliquie in der Kirche aufstellen zu können, gab der damalige Abt Heinrich von Binsfeld bei Meister Tilmann, einem Vertreter der niederrheinisch-kölnischen Schule, einen Schnitzaltar, den Annaaltar (5), in Auftrag, der in der Apsis des inneren Südschiffs seinen Platz fand.

Das Annahaupt selbst verblieb letztlich nach langwierigen Streitigkeiten zwischen Düren und Mainz in Düren, wo die dortige St. Anna-Kirche seitdem viele Wallfahrer anzieht (Zur Entstehung des Annaaltars s. Anhang 4).

Bei dem Altar handelt es sich um ein geschnitztes Retabel mit bemalten Flügeln. Appel datiert die Entstehung des Altars in die Zeit nach 1492, vermutlich in die Amtszeit des Abtes Heinrich von Binsfeld 1491–1531.[100]

Eine Restauration des Altars Ende des 19. Jh. in Form einer neogotischen Polychromie hat v. a. die abgebildeten Figuren verändert.[101]

Die Verehrung der hl. Anna, der Mutter Mariens, war im Mittelalter außerordentlich weit verbreitet. In der Bibel findet Anna keine Erwähnung; Ursprung und Quelle aller Legenden um Anna ist das apokryphe Protoevangelium des hl. Jakobus. Dort wird die Geschichte einer kinderlosen Frau erzählt, der von einem Engel die Geburt eines Kindes vorausgesagt wird. „Anna, Anna, Gott der Herr hat dein Flehen erhört. Du wirst empfangen und gebären". Ihrem Mann Joachim ruft sie bei dessen Heimkehr zu: „Nun weiß ich, daß Gott der Herr mich überaus gesegnet hat. Denn siehe, die Witwe ist nicht mehr Witwe, und die Kinderlose wird in ihrem Schoß empfangen."[102]

Auf der unteren Ebene des Altares werden die Nischen durch Pfeiler voneinander getrennt; im Inneren der Nischen sind Räume zu erkennen, die ausgestattet sind mit einem gotischen Rippengewölbe und einem Maßwerkfenster im Hintergrund.

Im Zentrum des Altars ist eine Anna Selbdritt-Gruppe zu sehen. Es handelt sich um ein verbreitetes Motiv, bei dem die drei Generationen der Familie Jesu (Anna, Maria und Jesus) in einem An-

Abb. 36: Annaaltar (geöffnet)

Abb. 37: Annaaltar (Flügel geschlossen)

Abb. 38: Anna Selbdritt, zentrale Nische des Mittelschreins

Abb. 39: Annaaltar (3 Nischen)

dachtsbild dargestellt sind. Später wird die Anna Selbdritt-Darstellung noch gesteigert durch die Darstellungsform der *Heiligen Sippe*.

Mit der Vorstellung von der „Unbefleckten Empfängnis Marias" rückt auch die Mutter Mariens als theologisch bedeutsame Person ins Blickfeld: Maria wurde einzigartig ohne Erbsünde „empfangen" und geboren. Unzählige Patronate und diverse Zuständigkeiten zeugen von der Beliebtheit der Annaverehrung in der Volksfrömmigkeit.[103]

Man unterscheidet bei den Anna Selbdritt-Darstellungen eine vertikale und eine horizontale Anordnung der Figuren, sowohl bei Skulpturen als auch bei Gemälden. „Die Annaselbdrittgruppe in Kornelimünster steht ikonographisch ... allein"[104]: Annas Sitzgröße ist geringfügig höher als die von Maria. Ihre Blickrichtung kann nicht eindeutig bestimmt werden: Ihre Augen sind weder auf das Buch in ihren Händen noch auf Maria und Jesus gerichtet.

Die Ausstattung Annas mit einem Buch ist nicht ungewöhnlich; Anna liest im Alten Testament die Prophetenverheißung vom kommenden Messias.

Anna und Maria sitzen zwar in der Nische nebeneinander, befinden sich aber nicht in einem Gespräch oder zeigen Kontakt. Auch das Jesuskind hat keinerlei Mittlerrolle zwischen Mutter und Großmutter. Ob dahinter eine künstlerische Absicht steht oder die handwerkliche Entstehung dies bedingt, ist unklar. Zum Vergleich sei eine andersartige Anna Selbdritt-Gruppe aus der Kirche St. Martin in Biberach aus derselben Zeit hinzugezogen.

Die zwei Figuren in der linken Nische sind anhand ihrer Attribute zu erkennen: Links die hl. Katharina von Alexandrien mit dem Buch als Zeichen ihrer Gelehrsamkeit und dem Rad als Hinweis auf ihr Märtyrertum, rechts die hl. Barbara mit dem Turm, in den sie eingeschlossen worden ist. In der rechten Nische kann nur die linke Figur eindeutig ausgewiesen werden: Die hl. Margaretha mit dem zu ihren Füßen liegenden Drachen, der sie nach der Legende verschlingen wollte. Wenn man unterstellt, dass es sich bei den vier Frauen um die *virgines capitales* (bedeutende Jungfrauen) handelt, dann ist die vierte die hl. Dorothea. Diese vier werden häufig zusammen dargestellt; gemeinsam ist ihnen das in der Legende erzählte Martyrium. „Die Besonderheit

Abb. 40: Anna Selbdritt in St. Martin (Biberach)

der figürlichen Komposition von Kornelimünster besteht ikonographisch in der Einbeziehung der hl. Anna ... in die traditionelle Versammlung der ‚virgo inter virgines'."[105]

In der Kalvarienbergszene über der Anna Selbdritt-Darstellung wurden die bekannten Figuren (Jesus am Kreuz, Maria, Johannes, klagende Frauen, römische Soldaten) auf der rechten Seite durch den vermuteten Stifter Abt Heinrich von Binsfeld und durch den hl. Kornelius ergänzt.

Auf den Altarrahmen aufgesetzt stehen die hll. Christophorus und Andreas. Letzterer ist mit seinem Attribut dargestellt, dem *Andreaskreuz* – einem Schrägkreuz, dessen zwei diagonal verlaufende Balken sich in der Mitte kreuzen. Der Überlieferung nach starb er als Märtyrer an einem solchen Kreuz. Die Innenseiten der Altarflügel zeigen links eine Geburtsszene und rechts die Anbetung der drei Weisen. Auf den Flügeln außen sind mehrere männliche Heilige zu finden: Links lässt sich mit Hilfe seines Attributs, des Horns,

Abb. 41: Nordschiff mit Mittelschiff

Abb. 42: Nordschiff von Westen

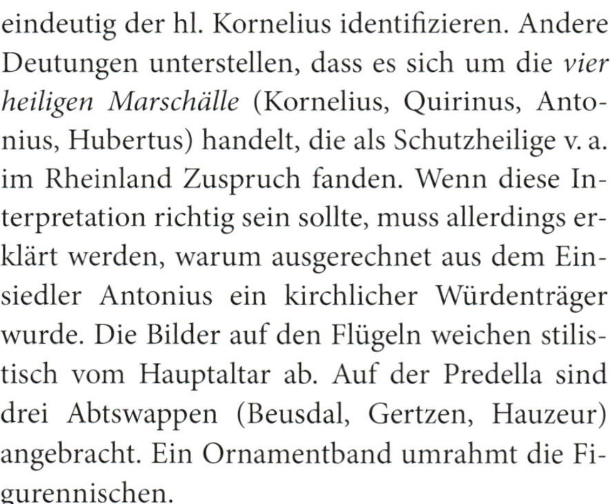

eindeutig der hl. Kornelius identifizieren. Andere Deutungen unterstellen, dass es sich um die *vier heiligen Marschälle* (Kornelius, Quirinus, Antonius, Hubertus) handelt, die als Schutzheilige v. a. im Rheinland Zuspruch fanden. Wenn diese Interpretation richtig sein sollte, muss allerdings erklärt werden, warum ausgerechnet aus dem Einsiedler Antonius ein kirchlicher Würdenträger wurde. Die Bilder auf den Flügeln weichen stilistisch vom Hauptaltar ab. Auf der Predella sind drei Abtswappen (Beusdal, Gertzen, Hauzeur) angebracht. Ein Ornamentband umrahmt die Figurennischen.

Nordschiffe (E)

Die zwei unterschiedlich langen Nordschiffe werden durch oktogonale Pfeiler getrennt. Die Ausgestaltung der Apsis des inneren (Benediktus-)Nordschiffs ist barocker Herkunft: Zentrum des Altars (6) ist ein Holzrelief *Christus am Ölberg*, eingerahmt durch korinthische Säulen und zwei Stuckfiguren (hl. Benedikt von Nursia und seine Schwester Scholastika). Links neben dem Altar über der gotischen Holztür aus dem 16. Jh. hängt ein Bild *Maria Verkündigung*. Die Tür führt in die ehemalige Sakristei der Kirche. Beim Anbau des Nordschiffs wurden zwei Fenster des gotischen Chors entfernt, um eine Verbindung zwischen beiden Schiffen herzustellen.

Im Osten des äußeren (Kreuz-)Nordschiffs (F) wurde eine doppelgeschossige Kapelle errichtet: Im Erdgeschoss befand sich die (alte) Sakristei; neben einem reich ausgemalten Gewölbe ist hier das Epitaph des Abtes Heribert von Lülsdorf, bestehend aus einer Messingplatte, zu sehen. Im

Abb. 43: Kreuzaltar (Nordschiff) ▷

Abb. 44: Abtloge (Nordschiff)

Abb. 45: Alte Sakristei (Nordschiff)

Abb. 46: Untergeschoss (Westbau)

Abb. 47: Schatzkammer (Westbau)

Abb. 48: Tür zum Nordschiff (Westbau)

Abb. 49: Vortragekreuz (Westbau Untergeschoss)

Obergeschoss wurde die Heiligtumskapelle eingerichtet, in der bis heute die Biblischen Heiligtümer aufbewahrt werden und an deren Westseite man ein kleines Fenster anbrachte. Aus diesem Fenster wurden die Heiligtümer besonderen Personen außerhalb des 7-Jahres-Rhythmus der Heiligtumsfahrt gezeigt. Diese saßen bei der Zeigung in der sog. Abtloge (9) in gleicher Höhe gegenüber. In der Loge steht noch die Sitzbank aus der Zeit der Entstehung.

Unterhalb des Zeigefensters im Kreuzschiff (7) ist bei Restaurierungsarbeiten 1981–82 und nach Entfernen der Putzschicht eine Grisaillemalerei auf dem Blausteinmauerwerk entdeckt worden: eine Golgatha-Szene mit dem Kreuz Jesu umgeben von den Kreuzen der Schächer und anderen Figuren.

Unter der Abtloge hängt eine von sechs Heiligendarstellungen, die Abt Hermann von Eynatten (1620–1645) in Auftrag gegeben hat: *S. Benedict* – in Mönchstracht, mit Buch und Abtstab. Ob der Dargestellte Benedikt von Nursia oder von Aniane ist, lässt sich nicht sicher klären.

Westbau (B)

Der Schlussstein des Kreuzrippengewölbes im Untergeschoss zeigt das Wappen des Abtes Heinrich von Binsfeld. Im nördlichen, höher gelegenen Raum des Westbaus trägt eine Rundsäule vier Kreuzgewölbe. Es schließt sich nach Norden der Anfang des ehemaligen Klosterkreuzgangs aus ottonischer Zeit an. Hier befindet sich heute eine kleine Schatzkammer mit ausgestellten Reliquiaren und einem Chormantel aus dem 15. Jh.

Die Gewölbemalerei stammt aus dem 16. Jh. In den beiden Feldern der Schatzkammerdecke ist die Gewölbemalerei 1974 nur freigelegt worden, ohne sie – wie an den anderen Stellen – zu restaurieren.

Zwischen nördlichem Teil des Westbaus und dem Benediktusschiff befindet sich eine Tür, die auf die Zeit um 1500 datiert wird. Im Türsturz ist wieder das Wappen des Abtes Heinrich von Binsfeld zu sehen. Die Eichentür wurde 1822 verkürzt, als das Fußbodenniveau des Hauptschiffs erhöht wurde.

LaVDate eVM In ChorIs a Corgan Is

Zur Innenausstattung des Untergeschosses gehört ein Vortragekreuz aus dem 15./16. Jh., dessen vier Balken je mit einer Darstellung des Symbols, das den vier Evangelisten seit den ersten christlichen Jahrhunderten beigegeben worden ist, enden: Matthäus – Mensch; Markus – Löwe; Lukas – Stier; Johannes – Adler. Daneben sind zwei Statuen des hl. Johannes Nepomuk und des hl. Kornelius im Erdgeschoss des Westbaus zu sehen.

Die Außenfenster wurden 1976 von Wilhelm Buschulte gestaltet. Motive sind hier die Frauen am Grab Jesu am Ostermorgen sowie im höher gelegenen Raum der hl. Michael und die Steinigung des hl. Stephanus.

Das Obergeschoss des Westbaus besteht im Wesentlichen aus zwei Räumen (Orgel- und Benediktusempore) mit einer spätgotischen Gewölbeausmalung.

Der Schlussstein des Kreuzrippengewölbes zeigt wieder das Wappen des Abtes Heinrich von Binsfeld.

Gewölbemalerei

Die einschlägige Literatur ging bisher davon aus, dass in der heutigen Propsteikirche in allen Kreuzrippengewölben die ursprünglichen spätgotischen Gewölbemalereien erhalten seien. Es handele sich um Malereien aus dem 14. und 16. Jh. Die Gewölbe seien im 17. Jh. – wie anderswo auch – übertüncht, in den 1930er Jahren dann wieder freigelegt und restauriert worden. Restaurierungsarbeiten im Oktober 2013 ließen hinter beschädigten Stücken der heutigen Deckenfläche des Mittelschiffs eine ältere Ausmalung sichtbar werden. Die Schlussfolgerung aus diesem Befund lautet: Die heute sichtbare Gewölbemalerei des Mittelschiffs und der Nordschiffe stammt nicht aus dem 16. Jh.. Der größte Teil der Gewölbe ist nicht freigelegt worden; die in der Barockzeit aufgelegte Kalktünche blieb erhalten und wurde in den 1930er Jahren im spätgotischen Stil übermalt. Daneben ist an vereinzelten Stellen noch die spätmittelalterliche Erstbemalung sichtbar.

Die kontrovers diskutierte Frage, ob Hubert von Aachen, der die Klosterkirche in Steinfeld ausgemalt hat, auch in Kornelimünster tätig war, erhält damit eine neue Dimension: Schoenen[106] beispielsweise nimmt an, dass die Gewölbemalerei in Kornelimünster aus dem 16. Jh. von Hubert von Aachen stammt. Dagegen Feld: „Stellt man Steinfeld und Kornelimünster vergleichend nebeneinander, muß man ihre künstlerische Auffassung als völlig unterschiedlich und abweichend, ja geradezu konträr bezeichnen. Der Zweifel an der gemeinsamen Autorschaft kann auch durch einige wenige Detail-

◁ Abb. 50: Westbau (Obergeschoss)

Abb. 51: Gewölbe Mittelschiff (mit freigelegter Bemalung aus dem 16. Jh.)

Abb. 52: Westbau im Westbau (Obergeschoss)

Abb. 53: Gewölbe in den Südschiffen

entsprechungen (z. B. der Blättchentriebe) … nicht beseitigt werden."[107] Ein Zeitzeuge aus Kornelimünster weiß zu berichten, dass in den 1930er Jahren mehrere Jahre lang ein polnischer Restaurator in der Propsteikirche gearbeitet hat. Möglicherweise ist es die gleichermaßen nachahmende wie kreative Handschrift dieses Restaurators gewesen, die zumindest für Teile der heute zu sehenden Gewölbemalerei künstlerisch verantwortlich ist. Und vielleicht hat Feld bei ihren stilistischen Untersuchungen die Ranken des polnischen Restaurators gesehen und entdeckte beim Vergleich mit Steinfeld die Unterschiede.

Unabhängig von der Frage nach der Autorenschaft und Originalität in Kornelimünster ist zur Technik der „spätgotischen Gewölbemalerei" Folgendes zu sagen: Man kann davon ausgehen, dass es bereits im 15. Jh. bei den Handwerkern bzw. Künstlern musterartige Vorlagen gab, was die Motivähnlichkeit der Ausmalungen an unterschiedlichen Orten erklärt. Gleichzeitig gehen Kunsthistoriker davon aus, dass die meisten Blatt- und Blütenformen „frei … aus der Hand gezeichnet sind". In den Gewölben des Mittelschiffs und der Seitenschiffe werden pflanzliche Motive dargestellt, die durch die naturalistisch-illusionistische Wiedergabe von Einzelformen fast so etwas wie einen dreidimensionalen Raum erzeugen. In ihrer kunsthistorischen Beschreibung der Gewölbeausmalung in Kornelimünster heißt es bei Feld: „Die überschlanken Stiele wachsen zunächst gerade und wenig bewegt empor, schwingen dann stärker aus und rollen sich volutenförmig mit zentrierender großer Mittelblüte … zum Triebende hin ein." „Das fleischige, langlappige, aufgefiederte und stark bewegte Blattwerk … steigt in krabbenartigen Bewegungen aufwärts … Die plastische Entfaltung des Laubes wird durch stellenweise Konturierungen und mehrfarbige Blattumschläge sowie durch perspektivische Darstellung gebildet, die tiefenräumliche Bewegung vor allem durch mehrfache Überschneidungen erzeugt." Die Pflanzen entwickeln „ein größtmögliches Eigenleben und gelangen zu großer Lebendigkeit und Natürlichkeit". „Durch die starke Bewegung des Laubwerks und die perspektivische Sicht der Blüten" werden „große Naturnähe und üppiges, ungehindertes Wachstum vorgetäuscht, das sich dennoch dem architektonischen Zusammenhang einordnet."[108]

Abb. 54: Gewölbe im Südschiff

In der Kunstgeschichte wird die Pflanzenmalerei im spätgotischen Kirchenraum jenseits ihrer dekorativ-ornamentalen Funktion symbolisch gedeutet: Die Rippen verdeutlichen einerseits die räumliche Begrenztheit des Gewölbes, durch die naturalistisch-lebendige Gestaltung der Pflanzen wird das Gewölbe andererseits „durchsichtig" und „durchlässig". Die „Pflanzengebilde" verkörpern damit „den unermeßlichen Reichtum der Natur und der gesamten Schöpfung". Das räumlich begrenzte Kirchengebäude ist ein „konkreter Bestandteil der Welt", „zugleich aber ein … durchschreitbarer und erlebbarer Himmelsgarten."[109] Diese Wirkung wird erzeugt durch die Kombination aus „materiellen Architekturteilen" und „illusionistisch wiedergegebenen Pflanzen"[110]. Das so ausgemalte spätgotische Kirchengebäude wird metaphorisch als „Laube" gedeutet, die eine Art „Zwischengestalt zwischen Innenraum und Freiraum" darstellt und damit eine Fortsetzung der Deutung der gotischen Kathedrale als „Himmlisches Jerusalem" ist.[111] „Das Heilige ist auf dieser Welt heimisch geworden und trägt alle Züge des

Abb. 55: Musizierender Engel (Chor)

Realen, ohne der Kraft, auf das Heiligende hinzuweisen, verlustig zu gehen. Das spätgotische Kirchengebäude ist als wirklicher Gegenstand mit allen Kennzeichen des Materiellen, Irdischen ausgestattet. Es wird aber zugleich und gerade in seiner naturhaften Erscheinung zum Abbild einer Himmelsvorstellung und zum sakralen Symbol."[112] Büchner spricht von „heiligen Ranken"[113]. Ob der zeitgenössische Besucher einer spätgotischen Kirche ähnlich wie die kunstgeschichtliche Deutung heute so empfunden hat, lässt sich naturgemäß nicht ermitteln. Aber eins ist sicher: Der mittelalterliche Mensch sah häufig im Materiellen ein Zeichen für etwas dahinter Liegendes.

Eine Fortsetzung dieser Ausmalungstechnik ist das spätgotische Gewölbe, das an die Stelle von architektonischen Teilen Ast- und Laubwerkmotive setzt. Die Kunstgeschichte spricht in dieser Endphase der Spätgotik von einer totalen Verpflanzlichung des Kirchenraumes. So wurde z. B. Fenstermaßwerk in Astwerk umgewandelt, sodass am Ende die „gesamte Gewölbefiguration aus Ast- und Laubformen" bestand.[114]

Abb. 56: Chorgewölbe

Abb. 57: Triumphbogen innen (Chor)

Abb. 58: Chor (mittleres Joch)

In den Feldern des Chorgewölbes (aus dem 14. Jh.) sind eingerahmt von Krabbenornamenten bärtige bzw. bekrönte Masken. Die Köpfe haben Ähnlichkeit mit den Drolerien in Chorgestühlen und in der mittelalterlichen Buchmalerei. In der westlichen Kappe sind zwei musizierende Engel zu sehen. Auf der östlichen Seite des Triumphbogens, der Chor und Mittelschiff trennt, erkennt Hugot einen „hl. Papst".

Glasfenster

Die Fenster der alten, im 14./15. Jh. entstandenen Abteikirche sind nicht mehr erhalten. Sie wurden 1802 im Zuge der Säkularisation ausgebaut. Die heutigen Fenster stammen aus den letzten zwei Jahrhunderten: aus dem 19. Jh. das Nazarenerfenster hinter dem Annaaltar, auf dem die hll. Anna, Joachim und Maria zu sehen sind, das Fenster hinter dem Marienaltar, das eine Verkündigungsszene darstellt, die Fenster im Benediktuschor und -schiff und die Fenster auf den Westemporen. Aus dem 20. Jh. stammt das östliche Fenster des äußeren Nordschiffes; es ist 1960 von Franz Pauli (Köln) aus Resten der ehemaligen Chorverglasung hergestellt worden. Es zeigt u. a. die hll. Kornelius und Cyprianus.

An die Stelle der neugotischen Figurenfenster im Hauptchor setzte Pauli grau getönte Ornamentfenster ein. In der Korneliuskapelle findet sich teilweise noch die Originalverglasung des 18. Jh.

Die Fenster von Wilhelm Buschulte (1923–2013) haben dem Kirchengebäude einen künstlerisch modernen Akzent verliehen. Wilhelm Buschulte gilt als einer der bekanntesten Glasmaler Deutschlands: Er hat eine Fülle an Fenstern in Kirchenbauten entworfen, wie z. B. zwei Chorhallenfenster des Aachener Doms, Fenster in der romanischen Kirche St. Maria im Kapitol in Köln und in der Nuntiatur des Vatikans in Berlin. Daneben hat er auch Profanbauten wie z. B. die Fenster des Plenarsaals der Frankfurter Paulskirche gestaltet. Buschultes Kunst hat ihren Schwerpunkt in der Verbildlichung christlicher Motive – insofern war er ein religiöser Künstler.

In der Propsteikirche finden sich sowohl figürlich als auch ornamental gestaltete Fenster. Auf den Fenstern im Südschiff fließen größere Farbflächen gegeneinander und ineinander über. Die ornamentale Gestaltung der Fenster im äußeren Südschiff (1971) entfaltet ihre Wirkung erst bei Sonneneinstrahlung am Nachmittag. Das Licht, das durch die Glasmalerei entsteht, verändert den Raum der beiden Südschiffe: Man sieht gleichermaßen weiche Pastelltöne und markante Blau-Grün-Rot-Akzente, die die Wahrnehmung des Raums mit dem dunklen Braun der Sitzbänke, dem hellen Mauerwerk der Pfeiler und der eher zarten Braun-Grün-Tönung des Gewölbes deutlich verändern. Das durchscheinende Licht hebt hier nicht wie in einer gotischen Kathedrale die Außenbegrenzung auf, erzeugt aber dafür einen Raum ganz eigener Atmosphäre.

Die im Südschiff benutzten Farben Buschultes finden sich in den drei figürlichen Bildern der Fenster des Westbauuntergeschosses von 1976 wieder.

Das größere Fenster stellt die biblische Szene der drei Frauen am leeren Grab Jesu dar: Gemeint sind Maria aus Magdala, Maria, die Mutter des Jakobus, und Salome. „Sie gingen in das Grab hinein und sahen einen jungen Mann auf der rechten Seite sitzen, bekleidet mit einem weißen Gewand, und sie erschraken. Er aber sagte zu ihnen: Erschreckt nicht. Ihr sucht Jesus von Nazareth, den Gekreuzigten. Er ist auferweckt worden, er ist nicht hier" (Mk 16,3–6). Den drei Frauen auf dem Fenster von Buschulte sind die Bestürzung und die Irritation deutlich anzumerken. Die Erklärungen des „jungen Mannes" scheinen sie überhaupt nicht zu beruhigen; wie erstarrt stehen sie da. Der Zuspruch korrespondiert nicht mit einer entsprechenden Reaktion auf Seiten der Frauen: Sie sind fassungslos, die Beobachtung des leeren Grabes und die ihnen dafür genannte Erklärung gehen über ihren Horizont. „Und sie sagten niemandem etwas; denn sie fürchteten sich" (Mk 16,8).

Auf dem Bild des zweiten Fensters ist der Erzengel Michael im Kampf mit dem Drachen zu sehen. Das Motiv des Drachenkampfes des Erzengels ist

Abb. 59: Pfeiler beschienen vom Licht der Fenster von W. Buschulte ▷

Abb. 60–64: Fenster im Südschiff

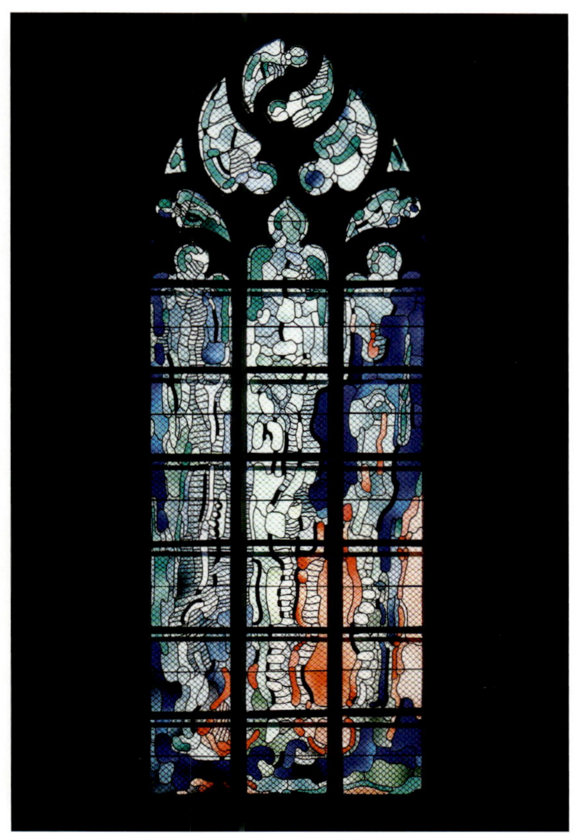

Abb. 65: Fenster im Westbau (W. Buschulte): Ostermorgen

in mehreren Arbeiten Buschultes in anderen Kirchen zu finden. Es steht in einer Tradition, die ausgehend von den biblischen (Apk 12,7) und außerbiblischen Erzählungen über Michael den Engel als Töter des höllischen Drachens und des Teufels darstellt.[115] Von den traditionellen ikonographischen Attributen ist bei Buschulte wenig übrig geblieben: Das Fenster ist von der Farbgestaltung und der Aufteilung her zweigeteilt. Oben überwiegt die Farbe Rot vor blauem Hintergrund. Erkennbar sind ein von Engelsflügeln umrahmtes Gesicht und ein Speer, der in die untere Fensterhälfte hineinragt, in der graue, grüne und hellbraune Farbtöne überwiegen. Es sind dort menschenähnliche Gesichter erkennbar. In der traditionellen Deutung der Michaelserzählung ist der Drache das personifizierte Böse. Bei Buschulte hat der Drache mehrere Köpfe und die dazugehörigen Gesichter tragen menschliche Züge. Die Speerspitze stößt nicht gezielt ins Lebenszentrum eines Drachen, sondern verliert sich in der unteren Fensterhälfte.

Das dritte Fenster zeigt den hl. Stephanus. Stephanus ist der Patron der ersten Pfarrkirche in Kornelimünster, die auch Bergkirche genannt wird.

Nach der Apostelgeschichte steinigten die Juden den Christen Stephanus, nachdem dieser ihnen

Abb. 66: Fenster im Westbau (W. Buschulte): Erzengel Michael

Abb. 67: Fenster im Westbau (W. Buschulte): hl. Stephanus

eine Predigt gehalten hatte, in der er die damaligen Juden in eine Reihe stellte mit denen, die sich in der Geschichte Israels Jahwe verweigerten. „Welchen von den Propheten haben Eure Väter nicht verfolgt?“ (Apg 7,52). Von Stephanus heißt es dann: „Er aber, erfüllt vom heiligen Geist, blickte zum Himmel auf, sah die Herrlichkeit Gottes und Jesus zur Rechten Gottes stehen und sagte: Ich sehe die Himmel offen und den Menschensohn zur Rechten Gottes stehen“ (Apg 7,55f).

Buschultes Fenster ist zweigeteilt: links Stephanus' Verfolger, die mit Steinen nach ihm werfen; rechts Stephanus, der fast nackt und schutzlos da steht und mit den Armen und Händen die Steine abwehrt. Dazwischen eine rote Farbfläche. Der Körper des Gesteinigten steckt in einer Hülle, lediglich die linke Hand schaut aus dieser Hülle hervor. Der so Dargestellte sieht keinen „offenen Himmel“, keine „Herrlichkeit Gottes“, auch keinen „Jesus zur Rechten Gottes stehend“. Vielleicht deutet die linke Hand einen Ausweg aus der Bedrängnis des Verfolgten an. Eine andere Deutung kann anknüpfen an die Hülle, die Stephanus umgibt: Die Steine fliegen zwar bedrohlich um ihn herum, aber die Hülle scheint so etwas wie eine „Schutz“-hülle zu sein.

Abb .68: Chorgestühl (mit Orgel)

Abb. 69: Miserikordien (Chorgestühl)

Abb. 70: Chorgestühl (mit Orgel)

Abb. 71: Chorgestühl (Detail)

Abb. 72: Chorgestühl (mit Südschiff)

Chorgestühl (3)

Bis zur Restaurierung hatte das Gestühl über mehrere Jahrhunderte hinweg an verschiedenen Orten der Kirche einen Platz gefunden: Zuerst an der Stelle, an der es auch heute wieder steht, im östlichen Mittelschiff, dann im Obergeschoss des Westbaus (Westoratorium) – vermutlich von ca. 1530 bis 1895 –, aber auch auseinander genommen und ausgelagert in die St. Nikolauskirche in Aachen und in die Bergkirche St. Stephanus. Die letzte Station war der Raum hinter den Galerien. Aufgrund einer dendrochronologischen Untersuchung kann das Fälldatum des verwendeten Eichenholzes auf Anfang des 14. Jh. festgelegt werden.[116]

Es handelt sich um ein Chorgestühl in typischer Form: Außen eine erhöhte Sitzreihe mit Klappsitzen; an den Unterseiten befinden sich Gesäßstützen, sog. Miserikordien (*misericordia* – lat. Barmherzigkeit), mit deren Hilfe der Mönch sich abstützen konnte und auf denen er auch stehend und bei hoch geklapptem Sitz einen Halt fand. Die vorderen Bänke werden jeweils eingerahmt durch die acht erhaltenen Wangen, die in ihrer ornamentalen Struktur der Maßwerkgestaltung gotischer Kirchenfenster nachgebildet sind. Vermutlich lag beim Kirchenbau im 14. Jh. die Bearbeitung von Stein und Holz in der Hand einer Bauhütte; der Architektur und der Ausstattung lag ein gemeinsames Konzept zugrunde.[117] Das Chorgestühl war und ist in einer Klosterkirche der Ort des Stundengebetes und der Liturgie. Entsprechend der Benediktusregel ist es der für den monastischen Tagesablauf wichtigste Ort. Die Benediktusregel gibt die Anweisung: „Dem Gottesdienst soll nichts vorgezogen werden“ (RB 43, 3).

Urkundlich belegt ist für einen langen Zeitraum die Stelle eines Kantors im Indakloster[118], was darauf schließen lässt, dass die Liturgie in Kornelimünster auch gesungen wurde.

Die Miserikordien sind an ihren Unterseiten künstlerisch ausgestaltet: Zu sehen sind Pflanzenmotive, Tierdarstellungen, Phantasiegestalten wie Mischwesen und Dämonen. Die Kunstgeschichte spricht von Drolerien (*drôle* = frz. *lustig*). Drolerien finden sich häufig in mittelalterlichen Handschriften, z. B. mehr oder weniger versteckt in ausgestalteten Zierbuchstaben. Die Intention der Drolerie-Ausgestaltung ist nicht eindeutig bestimmbar. Gemeinsam ist den Drolerien, dass über sie volkstümliche Elemente in die mittelalterliche Kunst gelangten und dass sie eine „verkehrte Welt“ zeigen, in der das üblicherweise Erlaubte nicht gilt. Ob sie dabei eine mehr belehrende Intention – Warnung vor menschlichen

Abb. 73: Korneliusstatue (Chorraum)

Abb. 74: Korneliusstatue (Sockel)

Lastern –, oder eine mehr ironisch-satirische Intention haben, oder ob sie nur spielerisch eine „verkehrte Welt" zeigen, ist letztlich nicht zu klären.[119] Der heutige Betrachter hat vermutlich den Eindruck, dass diese Motive keinen Platz haben an einem – „heiligen" Ort. Im Mittelalter wurde heftig über die Existenz dieser Drolerien in Kirchen und Klöstern gestritten. Ablehnung und Faszination liegen hier dicht beieinander. Im 12. Jh. schreibt Bernhard von Clairvaux: „Was soll jene lächerliche Monstrosität, diese ungestaltete Schönheit und die schöne Ungestalt? Was sollen dort all die unreinen Affen, wilden Löwen, monströsen Kentauren ... Man sieht unter einem Kopf viele Leiber und an einem Leib viele Köpfe. Da hat ein Vierfüßler den Schwanz einer Schlange, oder ein Fisch den Kopf eines Säugetiers ... Bei Gott! Wenn man sich schon nicht der Unschicklichkeit schämt, warum scheut man nicht wenigstens die Kosten."[120]

Korneliusstatue (2)

Links neben dem Hochaltar am ersten nördlichen Pfeiler des Chorpolygons befindet sich eine Steinfigur des hl. Kornelius (2) auf einem hohen Sockel unter einem fialenbekrönten Baldachin: Sie entstand etwa 1460 und ist stilistisch vergleichbar mit Arbeiten des Kölner Dombaumeisters Konrad Kuyn. Der hl. Kornelius lebte im 3. Jh.; er war Bischof von Rom und damit Papst. Hier ist er abgebildet mit Papstkrone, Stab und seinem Attribut, dem Horn. Das *Horn* ist möglicherweise abgeleitet aus dem Namen Kornelius (*cornu* = lat. *Horn*). In der Volksfrömmigkeit galt er als Beschützer des Hornviehs und der Fallsüchtigen (Epileptiker). Auf dem Sockel sind neben dem Stifter, Abt Heribert von Lülsdorf, zwei kniende Engel mit Wappen und Helm (des Stifters) sowie zwei Pilgerfiguren mit Hut und Tasche zu finden (zur Restaurierung der Korneliusstatue: Anhang 10).

Mittelalterliche Fresken

Die ganze Kirche weist eine Vielzahl von Indizien dafür auf, wie im Laufe der Geschichte ein Umbau mit der bis dahin vorhandenen Bausubstanz umgegangen worden ist: Kriterien des Denkmalschutzes spielten keine Rolle und das Neue wurde häufig über eine Zerstörung des Vorhandenen erbaut. So auch bei der frühgotischen Ausmalung der Kirche. Die Restaurierungsarbeiten von 1968 haben an den romanischen Pfeilern Spuren vorhergehender Bauphasen zutage gefördert. Für den gotischen Gewölbeumbau setzte man auf die Pfeiler und damit auch auf die Bemalung Halbsäulen.

Auf der Südseite des ersten Pfeilers (von Westen aus) ist ein hl. Bischof mit Mitra, Bischofsstab und Nimbus, eingeordnet in eine Bogenarchitektur, zu sehen. Auf der Ostseite des zweiten Pfeilers sieht man einen hl. Abt im schwarzen Habit; in der rechten Hand hält er den Abtstab und in der linken ein Buch. Am unteren Rand sitzt ein „roter Teufel" (Hugot).

Hugot hat mehrere Ausmalungsschichten entdeckt und geht davon aus, dass es sich bei der ersten Ausmalung um eine Ausgestaltung der gesam-

Abb. 75: Abtsgestalt mit Teufel an einem Pfeiler des Langhauses

ten Kirche handelte; darüber hinaus hat er Ähnlichkeiten zwischen den Bildern an den Pfeilern und der Gewölbeausmalung im Chor festgestellt. Datiert wird die (erste) Ausmalung auf den Pfeilern ebenso wie die Chorgewölbemalerei auf das erste Viertel des 14. Jh.[121]

Kirchenschatz (Reliquiare)

Ein Teil der in St. Kornelius aufbewahrten Reliquiare befindet sich in der kleinen Schatzkammer im Untergeschoss des Westbaus.

Die wichtigsten Reliquiare sind verschlossen und werden nur zu den Zeiten der Wallfahrten gezeigt. Das Korneliusreliquiar ist silbergetrieben (teilweise vergoldet) und auf den Reifen der Krone, dem Halskragen und auf dem auf der Brust verlaufenden Saum mit Edelsteinen geschmückt; es wird darin ein Teil der Hirnschale des Papstes aufbewahrt. Auf der Rückseite findet sich das Wappen des Abtes Johannes von Levendael (1355–1381). Das Fragment eines Armknochens des Heiligen ist in einem Armreliquiar (14. Jh.) enthalten. Hinzu kommt ein in Silber gefasstes Büffelhorn. Die Silberarbeiten stammen wahrscheinlich aus dem 15./16. Jh.

Abb. 76: Korneliusreliquiar

Daneben wird noch eine Reliquienbüste des hl. Cyprianus aus dem 17. Jh. in der Propsteikirche aufbewahrt. Erwähnenswert ist gleichfalls das Stephanusreliquiar, das aufgrund seiner Inschrift exakt zu datieren ist: Es wurde von Graf von Suys im Jahre 1734 gestiftet. Die Reliquien sind in einem Glaskörper eingeschlossen; darüber steht auf Säulen eine Figur des Heiligen.

Neben den Reliquiaren enthält der Kirchenschatz wertvolle Kelche und Paramente. Hervorzuheben ist v. a. ein Chormantel aus dem 15. Jh., der in der Schatzkammer zu sehen ist.

Zum Kirchenschatz gehören natürlich auch die Biblischen Heiligtümer, die alle sieben Jahre ausgestellt werden (s. Heiligen- und Reliquienverehrung).

Epitaphe

In der Propsteikirche als ehemaliger Abteikirche befinden sich mehrere Epitaphe von Äbten. Vier davon sind so gut erhalten, dass auch die darauf befindlichen Inschriften noch lesbar sind. Drei stehen in der Apsis des Annaschiffs. Diese drei zeugen mit ihren geradezu porträthaften Darstellungen der Verstorbenen von hoher Handwerkskunst. Der schwarze Kalkstein stammt vermutlich nicht aus der Region. Auf dem ersten Epitaph von rechts ist Abt Hermann von Eynatten, gest. 1645, in beleibter Gestalt und vollem Ornat abgebildet. Neben dem eigenen sind ähnlich wie bei den anderen Epitaphen weitere (Ahnen-)Wappen zu sehen. Die Aufschrift bekundet, dass er dem Reichskloster nicht nur „vorstand", sondern auch „genützt hat". Er hat sich dann „endlich fromm in seinen Tod geschickt … Seine Seele möge in den Genuss des ewigen Friedens kommen. Wanderer, sprich Amen!". Die nächste Grabplatte ist die des Abtes Johann von Gertzen, gest. 1620. Er war zuerst Kantor des Konvents und wurde anschließend zum Abt gewählt. Auf dem Epitaph halten über ihm zwei Putten einen Kranz und ein Stundenglas. Den Angaben über seine Person folgt am Ende der Inschrift ein „Memento mori" (Geden-

Abb. 77: Korneliusreliquiar (Gesicht)

Abb. 78: Korneliusreliquiar (Profil)

Abb. 79: Korneliushorn

Abb. 80: Reliquiare der hll. Cyprianus und Stephanus

Abb. 81: Epitaph des Abtes Hermann von Eynatten (gest. 1645)

Abb. 82: Epitaph des Abtes Johann von Gertzen (gest. 1620)

ke, dass du stirbst). Bei dem dritten Abt, dessen Epitaph in der Apsis zu finden ist, handelt es sich um Heinrich von Fremerstorf, gest. 1652: Am Ende der Inschrift heißt es „Lege DIsCe MorI“ (Lies und lerne zu sterben) – eingearbeitet als Chronogramm das Todesjahr.

In die Nordwand der alten Sakristei eingefügt ist die Grabplatte des Abtes Heribert von Lülsdorf, gest. 1481. Es handelt sich um eine Messingplatte, die in einen Holzrahmen eingefügt ist.[122]

Bemerkenswert ist, dass sich auf allen Grabmälern der Doppelname des Klosters findet: *(Imperialis) monasterium (Sancti) Cornelii ad Indam (Indensis)* – Reichskloster des hl. Kornelius an der Inde.

Galerien

Im 17. Jh. wurden die Galerien von außen auf das Dach des Chores und des Nordschiffes aufgesetzt. Von hier aus und vom Dach der später gebauten Korneliuskapelle wurden und werden während der Heiligtumsfahrten die drei Biblischen Heiligtümer gezeigt.

Neues: Altar und Ambo

2007 wurde ein neuer Altar errichtet. Er hat an der Stelle seinen Platz gefunden, an dem vermutlich auch in der karolingischen Ursprungskirche der Altar stand. Es handelt sich um einen viergeteilten Block aus Blaustein, dessen Teile an der Oberfläche unterschiedlich bearbeitet sind. In den Zwischenräumen des Blocks befinden sich zwölf aufeinander geschichtete Holzkreuze; die Zahl zwölf ist von symbolischer Bedeutung. Auf den vier Blöcken liegt die Altarplatte, die Mensa. Ebenfalls aus Blaustein besteht der Ambo – der Ort, von dem aus die Verkündigung erfolgt.

Abb. 83: Memento mori (Epitaph Johann von Gertzen)

Abb. 84: Epitaph des Abtes Heribert von Lülsdorf (gest. 1482)

Abb. 85: Galerien auf Chor und Nordschiff der Propsteikirche

Abb. 87: Korneliuskapelle ▷
(Kuppel)

Abb. 86: Korneliuskapelle (Altar)

Korneliuskapelle (G)

Bei der Korneliuskapelle handelt es sich um einen barocken Zentralbau mit vielfältigen Stuckaturen und Pilastern mit Putten und Girlanden in den Ecken.

An der Westseite zeigt ein Medaillon, umrahmt durch maasländisch-barocken Stuck, den Klostergründer Ludwig den Frommen. Auf dem gegenüberliegenden Altar ist ein Retabel aufgesetzt, in dessen Innerem früher die Reliquien der hll. Kornelius und Cyprianus aufbewahrt wurden. Das Bild darüber aus dem 18. Jh. zeigt die Aufnahme des hl. Kornelius in den Himmel. Die Kommunionbank gehört wie die des Hochaltars zur Rokokoausstattung J. J. Couvens.

Während der Kornelius-Oktav im September ziehen Pilger durch diese Kapelle, vorbei an dem ausgestellten Korneliusreliquiar und dem mit Trinkwasser gefüllten Korneliushorn – und einem Korb gefüllt mit Kornelibrötchen.

Abb. 88: Orgel (von Osten)

Orgel

Die heutige Orgel – platziert auf dem Obergeschoss des Westbaus – besteht inwendig aus einem Spielwerk der Firma Georg Stahlhut (Aachen), das 1963 an der Stelle einer Klais-Orgel eingebaut wurde. Die Klais-Orgel ersetzte ihrerseits 1913 die ursprüngliche Orgel von 1763, die unter Abt Karl von Sickingen von Johann Theodor Gilmann erbaut wurde.

In der Zeit der Entstehung existierte noch das sog. Westoratorium, eine Empore, die bis 1895 in das Mittelschiff hineinragte und im westlichen Teil das Chorgestühl als Ort des Stundengebetes beherbergte. Es gab damals vom Klostergebäude aus einen direkten Zugang zum Westoratorium. Als hinterspielige Brüstungsorgel hatte das Instrument den Spieltisch auf der dem Chorgestühl zugewandten westlichen Seite. Die Orgel diente hier vermutlich zur Begleitung des Stundengebetes der Mönche und zur Liturgie der Konventämter im Mittelschiff.

Inwendig hat die Orgel sowohl 1913 als auch 1963 erhebliche Veränderungen erfahren. Gleich geblieben ist das historische Gehäuse: Vorder- und Rückprospekt sind im Rokoko-Stil nach Entwürfen des Aachener Architekten Johann Joseph Couven gebaut worden. Die alte Brüstung wurde wieder aufgebaut, das Rückpositiv vom Hauptwerk getrennt. Der Treppenaufgang entstand 1963 unter Verwendung der alten Teile.[123]

Die Heiligen- und Reliquienverehrung

Entstehung und Geschichte

In Kornelimünster werden bedeutende Reliquien verehrt: Die Reliquien des hl. Kornelius und die drei Christusreliquien oder Biblischen Heiligtümer, also das Schürztuch *(Linteum Domini)*, das Grabtuch *(Sidon munda)* und das Schweißtuch *(Sudarium Domini)* Jesu.

Das *Schürztuch Jesu (Linteum Domini)* ist ca. 2,30 m lang und unterschiedlich breit; im Laufe der Zeit wurden kleinere Stücke herausgeschnitten. Es handelt sich um ein Leinengewebe. Der dunkle Fleck in der Mitte wird im Volksmund als Abdruck des Judasfußes gedeutet. Der Tradition zufolge trug Jesus das Tuch beim Letzten Abendmahl zur Fußwaschung der Jünger (Joh 13,5).

Das *Grabtuch Jesu (Sidon munda)* besteht aus Byssusleinen, ist ca. 1,80 m breit und 1,05 m lang und mit eingewebten ornamentalen Mustern ausgestattet. Es wird seit alters her als eines der Tücher verehrt, in das der Leichnam Jesu eingewickelt und ins Grab gelegt wurde (Mt 27,59).

Das *Schweißtuch Jesu (Sudarium Domini)* ist 3,50 x 6 m groß und besteht ebenfalls aus Byssusleinen. Es wurde nach der Überlieferung bei der Grablegung Jesu benutzt (Joh 10,7). Heutiger Aufbewahrungsort ist ein Raum im Obergeschoss des östlichen Kapellenanbaus im äußeren Nordschiff.

Vor der eigentlichen Zeigung werden die Heiligtümer in eine eisenbeschlagene Holztruhe gelegt, die zu den ältesten Ausstattungsstücken der Propsteikirche gehört. Sie diente bis ins 19. Jh. zur Aufbewahrung der Heiligtümer. Eine dendrochronologische Untersuchung ergab, dass die Truhe um 1070 entstanden sein muss.

Alle drei Tücher wurden seit 1895 auf größere seidene Unterlagen genäht.

Seit einem nicht mehr exakt zu bestimmenden Zeitpunkt im Mittelalter findet die Heiligtumsfahrt parallel zur Aachener Heiligtumsfahrt im 7-Jahres-Rhythmus statt, wobei Kornelimünster keinesfalls an die Bedeutung der Aachener Fahrt heranreichte.[129]

Später kamen die Reliquien des hl. Kornelius hinzu. Ein Stück der Hirnschale des hl. Kornelius wird seit dem 14. Jh. in einer kostbaren Büste jährlich einmal während der Korneliusoktav im September ausgestellt. Der Gedenktag der hll. Kornelius und Cyprianus ist der 16. September. Hinzu kommt ein Armreliquiar. In einer Ablassbulle aus dem Jahre 1359 werden die Korneliusreliquien zusammen mit dem Schürztuch und dem Grabtuch von Papst Innozenz VI. erwähnt. Für das 14. bis 16. Jh. ist nachweisbar, dass die Korneliusreliquien auch außerhalb von Kornelimünster gezeigt wurden.[130] Nach einer urkundlich nicht belegten Überlieferung wurden die Biblischen Heiligtümer dem Kloster bereits mit der Gründung durch Ludwig den Frommen übergeben. Die Korneliusreliquien kamen möglicherweise über einen Reliquientausch nach Kornelimünster. Die Hälfte des Grabtuches wurde in der Regierungszeit Karls des Kahlen im 9. Jh. in ein Kloster nach Compiègne gebracht, und zwar im Tausch gegen die Korneliusreliquien. *Reliquientranslationen* waren üblich und weit verbreitet.

Der Gläubige, der sich an einen Heiligen wendet und um Beistand bittet, macht dies im Wissen um dessen spezielle Zuständigkeiten. Wofür war und ist der hl. Kornelius zuständig? Aus Gründen, die historisch nicht genau rekonstruierbar und belegbar sind, haben sich in Kornelimünster hauptsächlich zwei Zuständigkeiten herauskristallisiert: Kornelius ist zuständig für Viehkrankheiten und die

Abb. 92: Truhe zur Aufbewahrung der Heiligtümer ([illegible]. Jh.)

Fallsucht (Epilepsie). Eine volkstümliche Bezeichnung für Epilepsie ist auch „Corneliuskrankheit“.[131] Darüber hinaus gibt es noch diverse andere Heilige, deren Zuständigkeitsbereich die Fallsucht/Epilepsie ist, was darauf hindeutet, dass die „Fallsucht“ offenbar ein allgemeiner Begriff für verschiedene psychische Krankheiten war.[132] An anderen Orten findet sich daneben eine Fülle anderer Bereiche, in denen der hl. Kornelius noch gefragt ist.

Wie an anderen Wallfahrtsorten ist die Korneliusverehrung in Kornelimünster mit einem bestimmten Brauchtum verbunden: In früheren Zeiten brachten Pilger ihrem Körpergewicht entsprechend Weizen, um es dem Heiligen zu opfern. Mit dem Weizen wurde Brot gebacken, das man an die Armen verteilte. Bis heute werden in der Korneliusoktav den Pilgern kleine Brötchen („Kornelibrötchen“) gereicht und aus einem Horn kann „Kornelius-Wasser“ getrunken werden. In den Gottesdiensten wird mit einem Reliquiar ein Segen erteilt.

Mittelalterliche Heiligen- und Reliquienverehrung in Kornelimünster

Was hat es auf sich mit der Verehrung der Reliquien von Heiligen (Primärreliquien) und den textilen Heiligtümern, die der Überlieferung nach mit Christus in Kontakt gekommen sind (Sekundärreliquien)?

Der mittelalterliche Begriff für Reliquie ist „Heiltum“ (heiltuom). Heiltümer sind „Reliquien oder Bildwerke im kirchlichen Raum, deren Verehrung göttliche Gnade spendet.“[133] Die Verehrung der Heiltümer in Kornelimünster ist verbunden mit einem bestimmten Ritual, nämlich dem *Zeigen der Heiltümer* (ostensio reliquiarum). Das Ritual ist in der Regel festgelegt und gebunden an einen bestimmten Zeitpunkt; man spricht von einer *Heiltumsweisung*. Ein solches Weisungsritual (Weisungsordo) ist für Kornelimünster in schriftlicher Form nicht überliefert.[134] Der Bericht eines französischen Pilgers mit Namen Philipp Vigneulles aus dem Jahre 1510 vermittelt allerdings einen anschaulichen Eindruck von der Zeigung der Heiltümer in Kornelimünster; Vigneulles erwähnt anfangs noch, dass er an einem Vormittag von Aachen aus angereist ist. Versetzen wir uns also ins Jahr 1510.

Aus der Beschreibung des Philipp Vigneulles geht nicht hervor, an welcher Stelle um 1500 die Heiltümer gezeigt wurden; sicher ist allerdings, dass dies außerhalb des Kirchenraumes geschah. Die Zeigung erfolgte zudem mehrmals an unterschiedlichen Stellen. Die Galerien auf dem gotischen Chor sind erst später gebaut worden. Ge-

Abb. 93: Grabtuch (Detail)

Philipp Vigneulles 1510

„... die kostbaren Heiligthümer werden um zwei oder drei nach Mittag gezeigt und wurden schon öffentlich ausgestellt als wir dort anlangten. In dem Orte waren bereits so viele Leute versammelt, dass es erstaunlich und ganz so wie in Aachen war. Als wir nach scharfem Ritte angekommen waren, stiegen wir eiligst auf eine Erhöhung im Garten ab, und von dort sahen wir das erste Heiligthum, das gerade gezeigt wurde, nämlich das Haupt des hl. Kornelius und einen Arm. Dies wurde gezeigt, und es wurde vorher von einem Prälaten eine Ansprache gehalten, ganz in derselben Ordnung und mit derselben Ehrerbietung, mit brennenden Kerzen, Weihrauchfass, Kreuzen und Weihwasser und ganz so, weder weniger noch mehr, wie ihr es vorhin hinsichtlich der Aachener Heiligthümer gehört habt, und es stieß auch das Volk in die Hörner und Trompeten. Als das Haupt gezeigt worden war, kehrte der Prälat zurück, um wie in Aachen seine kurze Anrede zu halten und Gebete zu verrichten, und siehe da, sogleich kamen auch die Geistlichen in schönster Ordnung wie in Aachen und zeigten das Leinentuch, womit unser Herr seinen Aposteln die Füße trocknete, und in welchem einer der Füße des Judas abgebildet ist. Als sie an allen hierzu bestimmten Stellen die Zeigung vorgenommen hatten, gingen sie zurück und erschienen dann wieder wie zuvor und zeigten das Tuch oder Schweisstuch, das über den Leib unserer Lieben Frau bei ihrem Hinscheiden gelegt wurde. Bei jedem der Heiligthümer stiess man wie in Aachen in die Hörner und Trompeten, und verfuhren die Geistlichen ganz in derselben Ordnung mit derselben Ehrerbietung. Wenn alles gezeigt worden ist, reist ein jeder ab; die einen gehen nach Aachen, die andern nach Düren, um das Haupt der hl. Anna, der Mutter unserer Lieben Frau, zu sehen, noch andere kehren in ihre Heimat zurück".

Auf dem Weg nach Düren erlebt der Franzose noch Folgendes: „Wir (kamen) im Laufe jenes Nachmittags an mehr als 50.000 Personen vorbei (...), und ich glaube auch, dass in jener Nacht im Walde und auf den Getreidefeldern ihrer mehr als 18–20.000 Frauen und Männer schliefen, die an diesem Tag nicht rechtzeitig in Düren anlangen konnten ..."[135]

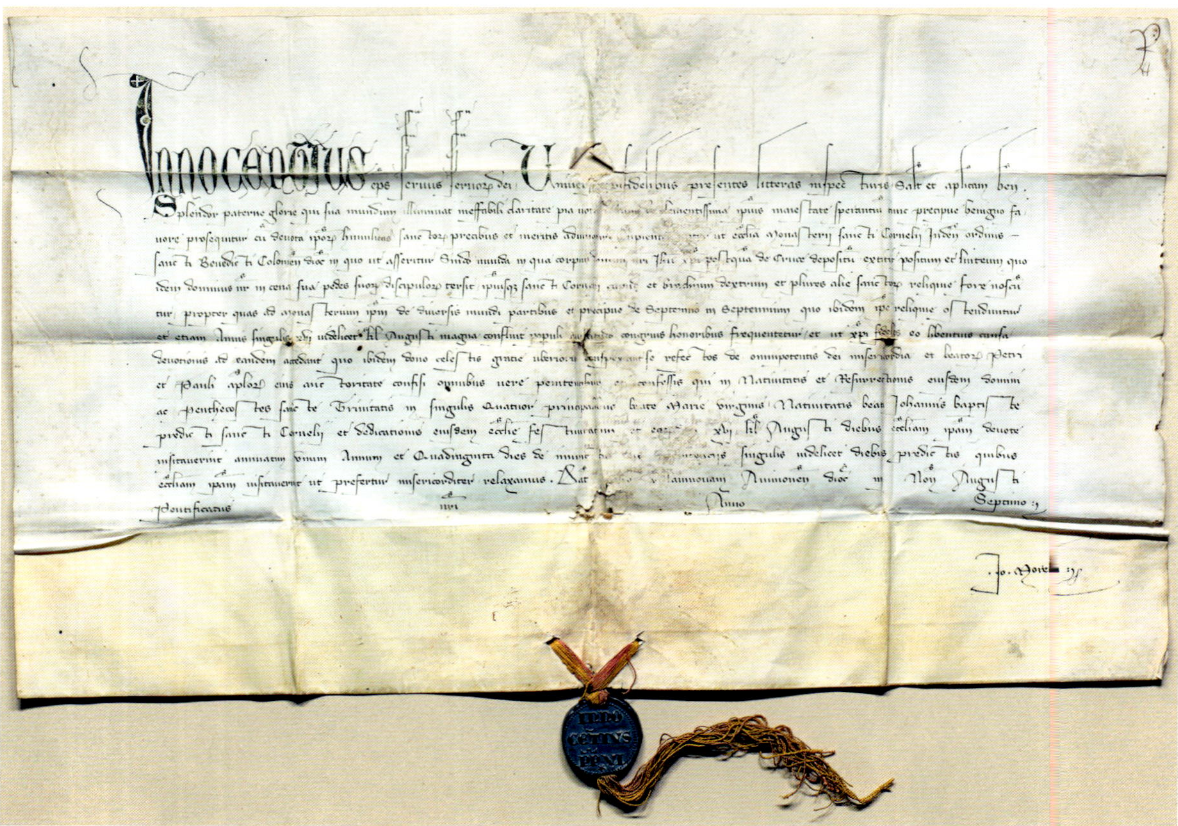

Abb. 94: Ablassbulle (1359)

zeigt wurden offensichtlich sowohl das Korneliusreliquiar als auch die Biblischen Heiligtümer. Das Zeigeritual war ähnlich dem des Aachener Rituals, wobei man sicher Abstriche im Hinblick auf die Genauigkeit der Beobachtung Vigneulles machen muss – die Verwechslung mit dem Kleid Marias ist bezeichnend. Die Zeigung war offensichtlich ein Ereignis: Eine große Menschenmenge war anwesend. Die musikalischen Darbietungen mit Hörnern und Trompeten verlieh der Veranstaltung Volksfestcharakter. Es ist berechtigterweise auch ein Zusammenhang herzustellen zwischen dem Pilgerwesen und den reichlich vorhandenen Brauhäusern und Gastwirtschaften am Ort.

Es war für die Pilger wichtig, an möglichst vielen Wallfahrtsorten (Aachen, Kornelimünster, Düren) bei der Zeigehandlung präsent zu sein.

Bestandteil mittelalterlicher Religiösität war der Glaube, dass Reliquien eine *Kraft (virtus)*[136] besitzen, die für den Gläubigen eine heilende Wirkung haben kann. Dinzelbach spricht von einer „Realpräsenz“: Der Heilige war in seinen Reliquien „gegenwärtig“[137]. Strittig war auch bereits im Mittelalter die Vorstellung, ob über die Berührung des Heiltums gleichsam diese Kraft auf den Gläubigen übergehen konnte. Zwischen Volksfrömmigkeit auf der einen Seite und Theologie und kirchenamtlichen Äußerungen auf der anderen Seite zum Thema Wirkkraft der Reliquien existierte eine große Kluft.

Die Wallfahrten nach Kornelimünster und zu anderen Pilgerstätten wurden im Mittelalter unternommen, um über die „Realpräsenz“ des Verehrten an seiner *Kraft* teilhaben zu können. Persönliche Defizite wie Krankheiten und Sündenschuld sollten auf diese Weise behoben werden. Das Wallfahrtswesen erfuhr deswegen so viel Zuspruch, weil diese „Realpräsenz“ gebunden war an den Glauben, dass sich die Kraft am Aufbewahrungsort der Reliquien äußerte. Der Gläubige verschaffte sich Zugang zu der Kraft über *Berühren* und *Schauen*. In Kornelimünster gab es mit der Zeigung der Heiltümer hauptsächlich einen

Zugang über das Schauen; daneben gibt es bis heute die Tradition, dass Kranken die Heiltümer aufgelegt werden.

Auf 1359 ist eine päpstliche Bulle datiert, in der den Pilgern unter bestimmten Bedingungen ein Ablass gewährt wird (s. Anhang 5). Ob es sich um eine gefälschte Urkunde handelt, ist nicht geklärt. „Eine legendarische Herkunft des Ablasses, wie sie im Fall Aachens vorliegt, ist wahrscheinlich, aber nicht belegt."[138] In der Bulle fehlt eines der textilen Heiltümer, das Schweißtuch.

Die Zeigung der Heiltümer wird hier mit der Gewährung eines Ablasses verbunden: Die Reliquien sind gleichsam zu einem „Ablassmedium" geworden. Die Ablassgewährung bezieht sich sowohl auf die alle sieben Jahre stattfindende Heiligtumsfahrt als auch auf die jährliche Korneliusoktav.

Die katholische Kirche definiert den Ablass folgendermaßen: „Ablässe sind der Erlass einer zeitlichen Strafe vor Gott für Sünden, die hinsichtlich der Schuld schon vergeben sind. Einen solchen Erlass erlangt der Gläubige unter bestimmten Bedingungen für sich oder für die Verstorbenen durch den Dienst der Kirche, die als Vermittlerin der Erlösung den Schatz der Verdienste Christi und der Heiligen austeilt."[139]

Das war und ist die Theorie: In der Praxis hat das Ablasswesen v. a. im Spätmittelalter dazu geführt, dass Ablässe kommerziell gehandelt wurden und sich über das Bezahlen ein Automatismus bezüglich der Buße einstellte. Hinlänglich bekannt und belegt ist, dass über die Ablasspraxis Wallfahrten zu kommerziellen Unternehmungen wurden, bei denen es „Anbieter" und „Abnehmer" gab.

Die älteste Abbildung der Heiltümer aus Kornelimünster ist ein Holzdruck von 1486, auf dem zusätzlich auch noch die Heiltümer aus Aachen und Maastricht zu sehen sind. Die Korneliusreliquien und die textilen Heiltümer werden in dem Holzdruck zusammen abgebildet. Auf dem Schürztuch ist ein Fußabdruck zu sehen, der nach einer volkstümlichen Überlieferung von Judas stammen soll, der Jesus verraten hat. Ansonsten zeigt der Holzdruck die Heiltümer noch in der Form, wie sie vermutlich vor dem Aufnähen auf größere Tücher im 19. Jh. aufbewahrt wurden.

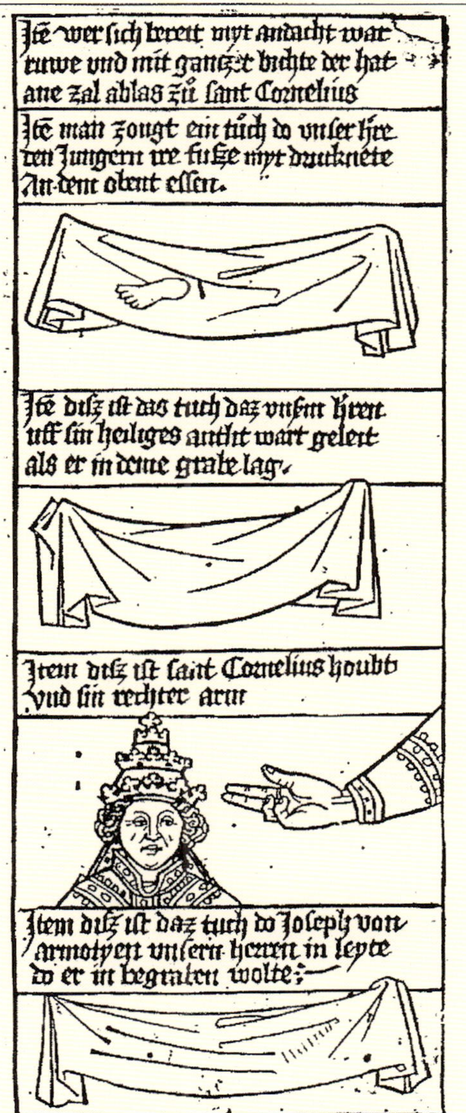

Wer sich bereit macht mit Andacht, echter Reue und aufrichtiger Beichte, der hat unbegrenzt Ablass in St. Cornelius.

Es wird ein Tuch gezeigt, mit dem unser Herr beim Abendmahl die Füße der Jünger abtrocknete.

Es gibt das Tuch, das auf das heilige Antlitz unseres Herrn gelegt wurde, als er im Grab lag.

Es gibt das Haupt und den rechten Arm des Hl. Cornelius.

Es gibt das Tuch, worin Joseph von Arimathäa unseren Herrn legte, als er ihn begraben wollte.

Abb. 95: Die Heiligtümer (Holzdruck 1486)

Der Betrachter erkannte mit Hilfe der bildhaften Darstellung auf Anhieb, worum es ging; die wenigsten Pilger waren vermutlich des Lesens mächtig. Im ersten Satz des Holzdrucks ist vom Ablass die Rede, der dem Pilger unter den genannten Bedingungen gewährt wird.

Auf das Jahr 1500 wird ein Heiltumsdruck – also eine Inkunabel oder ein Wiegendruck – für Kornelimünster datiert: Bei diesem Heiltumsdruck handelt es sich um eine Mischform aus religiöser Instruktion und medizinischem Ratgeber.

„Cornelimünster. Geistliche und diätetische Ratschläge für Fallsüchtige".

Dem Pilger oder Kranken wird Folgendes empfohlen: „Wer an der Poenitenz des Papstes und Märtyrers Kornelius leidet, also an einer durch den Heiligen als Buße auferlegten Krankheit, der soll zunächst einmal zur Ehre Gottes und des Heiligen soviel an Korn, Wachs oder Flachs spenden, wie er wiegt, und an Gold und Silber soviel er kann oder will. Dieses Geld soll er nach Kornelimünster in die Kapelle hinter dem Hochaltar schicken. Er soll es aber keinesfalls frommen Boten oder Almosensammlern … geben, die mit dem Heiltum von St. Kornelius herumziehen …. Weiter soll der Erkrankte … ein Jahr lang jeden Freitag fasten …. Jährlich soll der Erkrankte in die genannte Korneliuskapelle einen Silberpfennig bringen oder schicken. Mit diesem Pfennig bekennt er, ein Korneliuspilger zu sein …."[140] Es folgen dann Diätvorschriften.

Zweierlei ist an diesem Heiltumsdruck anmerkenswert: Geistliche und diätetische Anweisungen werden vermischt. Dahinter steht eine jahrhundertealte Tradition. Auch kann man „sich … des Gefühls nicht erwehren, daß es der Abtei sehr wesentlich darum zu tun war, die Pilger zu regelmäßigen Spenden heranzuziehen. Das wurde besonders dadurch erreicht, daß den Kranken häufige Wallfahrten zum hl. Cornelius anempfohlen wurden."[141]

Auf den 15. August 1517 ist eine Kollektenbeauftragung durch den damaligen Abt Heinrich von Binsfeld datiert: Der Abt beauftragte zwei Kleriker des Bistums Lüttich damit, mit Hilfe einer Zeigung der Heiltümer außerhalb von Kornelimünster zugunsten der Abtei „milde Gaben" einzusammeln. Auf diese Weise sollte auch denen, die den Weg nach Kornelimünster nicht gehen konnten, die Möglichkeit gewährt werden, den hl. Kornelius durch „Almosen und Gelübde zu ehren". Es ist von einer „besonderen päpstlichen Gnade" die Rede, die die „Bevollmächtigten" legitimiert. Versprochen wird den Gläubigen „Gnade zu erlangen" und eine „heilsame Erleichterung der Fallsucht zu empfangen". Die Almosen werden erbeten „zum Nutzen, Vorteil und der Erhaltung des Bauwerks und der Beleuchtung, der Gewänder und der heiligen Gefäße unseres genannten Klosters des hl. Cornelius und zur Speisung der Menge der Armen und der Gebrechlichen und derjenigen, die an der unseligen epileptischen Krankheit, die auch Fallsucht und Krankheit des hl. Cornelius genannt wird, leiden."[142] Von „Ablass" ist nicht ausdrücklich die Rede. Versprochen wird ganz allgemein geistlicher Nutzen und finanzielle Unterstützung für die Belange des Klosters (s. Anhang 6).

Rückblickend ist das Datum (1517) der Kollektenbeauftragung durch Abt Heinrich von Binsfeld bedenkenswert: In Kornelimünster schickte der Abt Beauftragte zur externen Zeigung der Heiltümer – und um damit Geld zu verdienen. Im fernen Wittenberg verkündete Martin Luther im selben Jahr in den bekannten Thesen seine Kirchenkritik, die sich auch gegen Theorie und Praxis des kommerziell betriebenen Ablasswesens richtete.

Martin Luthers Reformation hatte gegen die Heiligen- und Reliquienverehrung grundsätzliche Einwände: Die Heiligen sollten keine Mittler sein zwischen Gott und Mensch; die Sühne, die Christus durch seinen Tod erwirkt hatte, war einzigartig. Insbesondere Wallfahrten und Reliquienverehrung lehnte die reformatorische Theologie ab; vor allem die Verquickung von Glaube und kommerziellem Missbrauch der Reliquien wurde kritisiert. In der *Confessio Augustana* heißt es: „Über die Verehrung der Heiligen wird von den unsern gelehrt, dass wir sehen, wie ihnen Gnade widerfahren und ihnen durch den Glauben geholfen worden ist. Außerdem soll man sich an ihren guten Werken ein Beispiel nehmen … Aus der Heiligen Schrift lässt sich aber nicht beweisen, dass man die Heiligen anrufen oder Hilfe bei ihnen suchen soll."[143] Bezogen auf die Reliquienverehrung heißt es bereits 1518 bei Luther: „Viele pilgern nach Rom und nach anderen heiligen Orten … aber das beseufze ich, dass wir von den wahren Heiltümern, nämlich von

Abb. 96: Ausgestellte Heiligtümer

den vielfältigen Leiden und Kreuz, das die Gebeine und andere Erinnerungszeichen der Märtyrer geheiligt und so großer Verehrung würdig gemacht hat, so wenig wissen." Martin Luther zur Reliquienverehrung: „Alles tot Ding."[144]

Reliquienverehrung und Heiligtumsfahrt – heute

Auf das in der Ferne liegende Mittelalter mit seiner Reliquienverehrung kann man den Blick zurück in unterschiedlicher Weise richten: Einerseits gehört die Vorstellung von der *Kraft* der Heiltümer, die mit der Zeigung und dem Berühren auf den Betrachter übertragen wird, einer vormodernen Zeit an – und ist insofern auch Vergangenheit. Alles andere ist abzulehnender Aberglaube. Andererseits kann man aber auch unsere Geschichte als eine solche betrachten, die nicht nur von Fortschritt und als Prozess der Zivilisation gekennzeichnet ist. Dabei wird man erkennen, dass es bei aller Verschiedenheit auch Gemeinsamkeiten zwischen damals und heute gibt. Dass Menschen von Objekten „Heil" erwarten, ist nicht ungewöhnlich. Die zugrunde liegende Mentalität scheint unveränderlich zu sein, die Objekte, die man begehrt oder an denen das Herz hängt, wechseln. So werden beispielsweise Einkaufszentren als „Konsumtempel" bezeichnet: Der Einkauf findet an einem Ort statt, der mit einem ehemals religiösen Begriff bezeichnet wird. Das „Heilige" und seine „heil" machenden Eigenschaften sind beispielsweise abgelöst worden durch Konsumgüter, die für die Konsumenten nicht nur den alltäglichen Bedarf abdecken, sondern auch die Bedürfnisse nach Besitz, Status, Schönheit u. a. m. befriedigen. Wenn man diesen Blick aufsetzt, und nicht den kritisch-aufklärerischen, dann sieht man, dass das „Heils"-bedürfnis offenkundig eine menschliche Konstante ist, die in einer sich säkular gebenden Gesellschaft andere „Objekte" sucht.

Was soll in unserem Zusammenhang damit gesagt werden? Von der Zeigung einer Heiligenreliquie eine Heilkraft zu erwarten, war und ist menschlich. Das ist das eine. Und dass das Bedürf-

Abb. 97: Das Auflegen der Heiligtümer (1958)

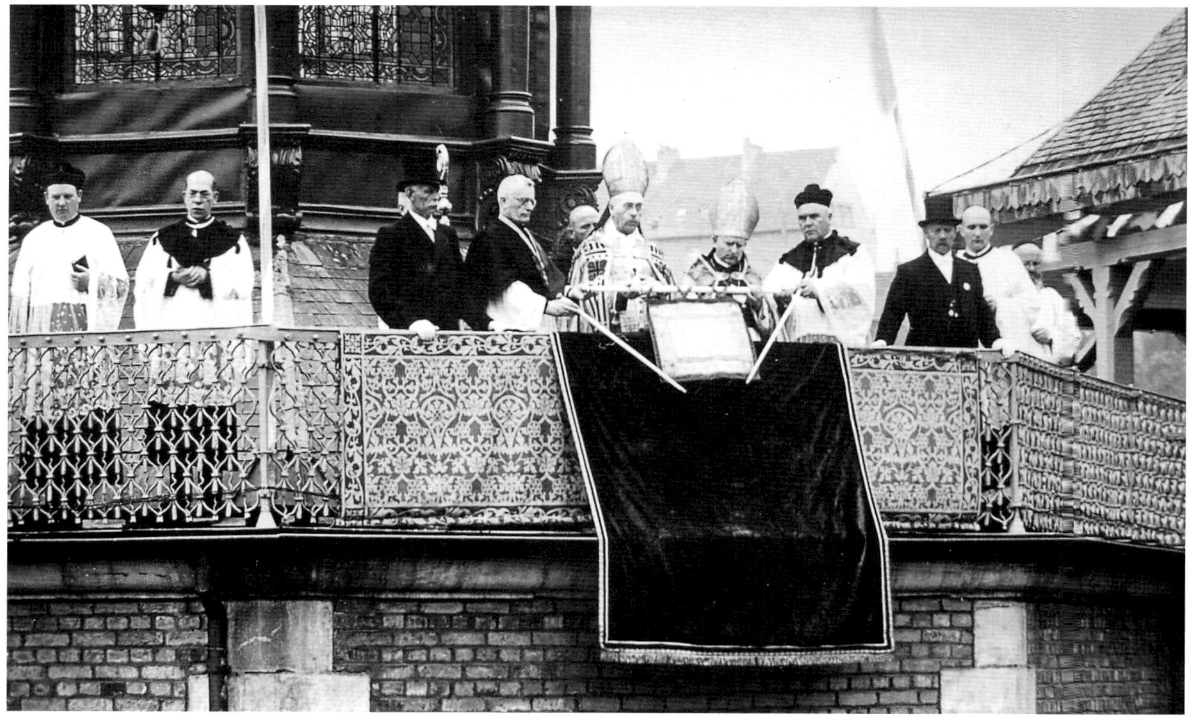

Abb. 98: Heiligtumsfahrt 1937

Abb. 99: Heiligtumsfahrt 1951

nis „heil" zu werden, von anderen für kommerzielle Zwecke missbraucht werden kann, ist ein Faktum und gleichermaßen so alt wie die Menschheit. Und dass Reliquien im Laufe der Kirchengeschichte zum Zwecke des Gelderwerbs missbraucht worden sind, auch das ist ein unbestreitbares Faktum. Der Glaube an „heil"-machende Gegenstände ist damit nicht ausgestorben. Heutzutage konkurrieren analog zur religiösen Reliquienverehrung beispielsweise Güter aus „Konsumtempeln" um diese „heil"-machende Wirkung.

Der Künstler Kurt Abel hat 2006 in Düren ein Auto in einer Plexiglasbox vor der Marienkirche und dem Leopold-Hoesch-Museum aufgestellt. Der Künstler nannte sein Kunstwerk „Autoreliquie-Ostensorium": Er wollte zeigen, wie heutzutage Konsumgüter an die Stelle von Reliquien getreten sind (s. Anhang 7).

Wie werden nun in der Gegenwart die Wallfahrten und die Heiligenverehrung in Kornelimünster begangen?

In der jährlich stattfindenden Korneliusoktav werden die Reliquien des hl. Kornelius gezeigt. In der Korneliusoktav im September gehen die Pilger an den Reliquiaren in der Korneliuskapelle vorbei, nehmen ein Kornelibrötchen mit und erwerben eine Erinnerung (Fotos, Karten u. a. m.). In der Liturgie wird der Korneliussegen gespendet, der Priester spricht ein Gebet, das sich an Gott richtet. Die Gläubigen singen das Korneliuslied, in dem der Heilige als „großer Christ" bezeichnet wird, der in schwierigen Zeiten seinen pastoralen Dienst in der römischen Gemeinde leistete, der im Bußstreit der frühchristlichen Kirche auf der Seite derjenigen stand, die für eine Wiedereingliederung der vormals Abgefallenen eintrat, und der am Ende in der kaiserlich angeordneten Verbannung endete: In ihm „begegnete der Welt des Gottes starke Hand" (s. Anhang 8). Es wird in dieser so vorgenommenen Korneliusverehrung v. a. eine Eigenschaft des Heiligen hervorgehoben, der Einsatz des Papstes für seine Gemeinde in Rom. Am letzten Tag der

Abb. 100: Zeigung der Heiligtümer von außen

Oktav findet in der Kirche eine Reliquienprozession statt – früher auch außerhalb der Kirche.

Bei der alle sieben Jahre stattfindenden Heiligtumsfahrt werden die Biblischen Heiligtümer ausgestellt und gezeigt, in der Kirche, von den Galerien aus und vom Dach der Korneliuskapelle. In den die Zeigung begleitenden liturgischen Texten wird an die biblischen Zusammenhänge von Schürz-, Grab- und Schweißtuch erinnert. Die historische Echtheit spielt kaum eine Rolle. Neben der Zeigung hat sich bis heute der Brauch des Berührens der Tücher erhalten: Kranken werden die Heiligtümer aufgelegt. Die Seitentüre der Schürztuch-Vitrine lässt sich öffnen: Ein früher häufig und heute selten zu beobachtender Brauch ist es, durch diese Vitrinentür hindurch Gegenstände an das Tuch zu halten.

Die Heiltümer werden als „Zeichen“ beschrieben, „die etwas bezeichnen, die auf eine Wirklichkeit hinweisen, die nicht marktschreierisch darzustellen sind … Zeichen, in denen das Leben unseres Herrn Jesus Christus, sein irdisches Leben, deutlich wird … Diese Heiligtümer können für uns Hüllen sein, hinter denen wir die Offenbarung und den Heilswillen Gottes erkennen. Vielleicht helfen sie uns zu verstehen, wie Gott sich in Jesus offenbart … So sind die Stoffe, die Heiligtümer, nicht das Wesentliche, das Entscheidende. Entscheidend ist, daß wir Jesus auf dem Weg entdecken, so wie die Emmaus-Jünger ihn entdeckten als den Begleiter-Gott, als den, der unseren Weg durch die Dunkelheit dieser Welt hell macht …“[145] (s. Anhang 9).

Anmerkungen

129 Vgl. 1700 Jahre Christentum 2013, S. 45.
130 Pauls 1891, S. 172ff.
131 Vgl. Zender 1959.
132 Vgl. Döring 2009.
133 http://www.koelner-dom.de/index.php?id=glossar 2013-09-01.
134 Kühne 2000, S. 198–207.
135 Teichmann 1900, S. 131–133.
136 Angenendt 1997, S. 155ff.
137 Dinzelbacher 1990, S. 115ff.
138 Kühne 2000, S. 207.
139 Katechismus 2005, S. 116.
140 Schmid 2005/2006, S. 161; (s. Heiltumsdruck um 1500).
141 Thyssen 1910, S. 324.
142 Pauls 1891, S. 173.
143 Zitiert nach Angenendt 1997, S. 238.
144 Zitiert nach Angenendt 1997, S. 238.
145 Müller 1986, S. 11f.

Fragen an Harald Fenske, Pfarrer der Evangelischen Gemeinde in Kornelimünster

Ein Anlass für Martin Luthers Kirchenkritik im 16. Jh. war die Praxis der Heiligenverehrung der damaligen Kirche und der damit verbundene Ablasshandel. Was kritisierte Luther daran?

Luther erlebte in Wittenberg, dass sein Förderer, Kurfürst Friedrich der Weise, eine ansehnliche Reliquiensammlung besaß, verbunden mit Wallfahrten, die auch einen wirtschaftlichen Faktor bedeuteten. Die Heiligen galten als Mittler zwischen Mensch und Gott, da Gott und Christus als höchster und strenger Richter galten.

Auch der Papst galt als Mittler und konnte durch zeitlichen und vollständigen Ablass die Sündenstrafen erlassen. Diese Versicherung gegen die Sündenstrafen konnte in Form von Ablassbriefen erworben werden. „Die Heiligen zahlen für dich die himmlische Strafe, wenn du die Kirche großzügig unterstützt", war eine gängige Vorstellung.

Für Luther ist Heiligkeit eine besondere Eigenschaft Gottes. Ursprünglich galt Gott allein als heilig. Jesus Christus wird der Heilige Gottes (Mk 1,24 u. a.) genannt. Heiligkeit macht auch das Wesen des Heiligen Geistes aus. Heilig wird aber auch alles, was zu diesem heiligen Gott gehört: das Volk des Alten und Neuen Bundes. Somit werden alle Christen im Neuen Testament als Heilige und Geliebte Gottes bezeichnet.

Luther kam aufgrund seines Bibelstudiums, vor allem des Römerbriefes, zu der Erkenntnis, dass der Mensch nicht aus eigener Kraft sein Heil schaffen kann oder das seiner Vorfahren und schon gar nicht, dass man den Papst für den Ablass bezahlt. Nur Gott allein schafft das Heil, wenn wir es annehmen.

Was ist (positiv ausgedrückt) das Anliegen reformatorischer Theologie?

Die Grundfrage Luthers – verbunden mit der großen Angst eines Menschen seiner Zeit – lautete: Wie bekomme ich einen gnädigen Gott? Diese Frage wird für ihn durch die Heilige Schrift beantwortet. Alle Versuche, Gott gnädig zu stimmen, sei es durch Heiligenverehrung oder durch den Erwerb der Ablassbriefe, sind nicht nur falsch, sondern überflüssig. Heil ist keine Belohnung, sondern Geschenk. Luther befreite so sich selbst und andere von einer großen existentiellen Angst und der ständigen Frage, ob man denn wirklich das ewige Heil erlangen kann. Gott vergibt und ist gnädig. Alle theologischen und kirchenpolitischen Fragen müssen sich an den reformatorischen Prinzipien messen lassen: „Solus Christus, sola scriptura, sola gratia, sola fides" (allein Christus, die Schrift, die Gnade, der Glaube).

Damit diese Botschaft weit verbreitet werden konnte, übersetzte Martin Luther während seines Aufenthaltes auf der Wartburg das Neue Testament ins Deutsche. Durch Luthers meisterliche Übersetzung konnten nun auch „einfache" Menschen überprüfen, was die Bibel über Gott sagt. Die Übersetzung des Alten Testamentes folgte später.

Die evangelische Gemeinde hat sich im 16. Jh. in Kornelimünster angesiedelt. Hat es hinsichtlich der Wallfahrtspraxis in der Ortsgeschichte Kontakte zwischen Protestanten und Katholiken gegeben?

Ob es schon im 16. Jh. evangelische Christen in Kornelimünster gegeben hat, kann nicht eindeutig belegt werden. Aber in Zweifall, der „Mutterkirche" unserer evangelischen Kirchengemeinde Kornelimünster-Zweifall, gibt es seit 1575 eine evangelische Gemeinde. Es ist anzunehmen, dass gegen Ende des 16. Jh. erste evangelische Christen im „Münsterländchen" ansässig wurden. Das Gebiet der Abtei galt als relativ aufgeschlossen auch gegenüber Andersgläubigen.

Erst in jüngster Zeit gibt es gemeinsame Veranstaltungen z. B. im Rahmen der Kornelioktav (gemeinsame Konzerte, ökumenischer Taufgedächtnisgottesdienst).

Wenn Sie die heutigen Wallfahrten (Heiligtumsfahrt und Korneliusoktav) in Kornelimünster hinsichtlich des kirchlichen Brauchtums und der liturgischen Texte ansehen: An welchen Punkten sehen Sie als reformatorische Kirche (nach wie vor) Differenzen, an welchen Stellen gibt es Gemeinsamkeiten im Glaubensvollzug?

Zu hinterfragen ist nach wie vor das nie ganz auszuschließende magische Verständnis im Zusammenhang mit der Zeigung und Berührung der Reliquien und Tücher. Ich würde es zwar nicht so drastisch deutlich wie Luther formulieren, z. B. über den heiligen Rock in Trier, über das „verführlich, lügenhaft und schändlich Narrenspiel", aber eine Verehrung oder sogar Anbetung ist für evangelisches Verständnis nicht denkbar.

Wenn ich die Heiligtümer (Schürztuch, Grabtuch, Schweißtuch Jesu) lediglich als hinweisende Zeichen verstehe, wie es der ehemalige Propst von Kornelimünster, Manfred Müller, sieht, nehme ich von einem magischen oder anbetungswürdigen Verständnis Abstand und verweise auf das, was eigentlich dahinter steht, nämlich Jesus Christus. Nicht die Tücher sind wichtig, sondern Jesus Christus.

Es gibt in Kornelimünster ökumenische Zusammenarbeit, z. B. den jährlichen ökumenischen Gottesdienst in der Bergkirche. Gesetzt den Fall: Sie werden eingeladen zu einem Gottesdienst während der Heiligtumsfahrt, bei denen eine Zeigung der drei Biblischen Heiligtümer vorgenommen wird. Wie reagieren Sie?

Ich würde an einem solchen Gottesdienst teilnehmen, könnte mir auch eine aktive Beteiligung vorstellen, in der ich auf die Zeichenhaftigkeit der Tücher hinweisen würde.

Das Klostergebäude der Reichsabtei

Die Ausgrabungen von L. Hugot aus den 1960er Jahren lieferten Erhellendes über die Baugeschichte der Klosterkirche. Das Gelände des karolingischen und mittelalterlichen Klosters wurde allerdings nicht archäologisch erschlossen. Über die mittelalterlichen Klostergebäude ist wenig bekannt.

Die markantesten Reste aus der Zeit des Spätmittelalters und der frühen Neuzeit sind die zwei Torbogenanlagen. Der innere Eingangstorbau entstand unter Abt Heribert von Binsfeld um 1500. In späteren Zeiten hat es an verschiedenen Stellen Umbauten gegeben. Am äußeren Tor mit den beiden Rundtürmen ist die Jahreszahl 1682 angebracht: Es war die Zeit des Abtes von Hoen-Cartiels. Die Schießscharten an beiden Anlagen lassen erkennen, dass sie eine Verteidigungsfunktion hatten.

Unter Abt Hyacinth Alphons Graf von Suys (1713–1745) wurde 1721 mit dem neuen Barockbau des Klosters begonnen: 1728 waren Mittel- und Nordtrakt fertiggestellt. Erst in der zweiten Hälfte des 18. Jh. wurde die Anlage unter den Nachfolgern des Grafen von Suys vollendet, der äußere Südflügel erst 1876 – also nach der Aufhebung des Klosters.

Abb. 101: Mittelalterliche Torbogenanlage

Abb. 102: Klostergebäude (Vorderseite)

Abb. 103: Empfangssaal

Abb. 104: Klostergebäude (Rückseite)

Abb. 105: Treppenhaus

Abb. 106: Deckengemälde im Rittersaal

Abb. 107: Darstellung des geplanten Klostergebäudes (Jagdzimmer)

Das äußere Erscheinungsbild zeigt einen verputzten Backsteinbau mit Blausteingliederung. An den vor dem Westbau der Kirche gelegenen Gebäudeteilen der Abtei sind unverputzte Backsteinfronten zu sehen. Bei dem im 18. Jh. gebauten Südflügel ist der Blaustein der Fenstergewände durch Zementputz imitiert worden. Mit dem Bau des äußeren Südflügels sind zwei offene Innenhöfe (Cours d'honneur) vor dem Abttrakt und vor dem Westbau der Kirche entstanden.

Insgesamt steht der Betrachter vor einem fünfflügeligen, zweigeschossigen Barockgebäude, dessen Zentrum der repräsentative Abttrakt ist. Dieser ist äußerlich gekennzeichnet durch seine vorstehende Fassade (Mittelrisalit), über der sich nach oben ein Zwischengeschoss (Mezzanin) und zuletzt ein Dreieck anschließt, in dem zwei Löwen das Wappen des Erbauerabtes halten. Im Obergeschoss des weniger anspruchsvoll ausgestatteten Nordflügels befand sich die Wohnung des Priors.

Das Bildmaterial der inneren Ausstattung des Abttraktes greift auf gängige Topoi zurück, die in Summe das religiöse und kirchlich-politische Selbstverständnis der Reichsabtei im 18. Jh. repräsentierten. Im Erdgeschoss des Mitteltrakts betritt man zuerst den Empfangssaal des Abtes. Im mittleren Deckenfeld stehen Abt, König und zwei Engel gebeugt im Anbetungsgestus vor Gott.

Das Deckengemälde des Treppenhauses mit dem hölzernen Balustergeländer zeigt den Sturz der antiken Götter (Jupiter, Mars, Diana, Prometheus u. a. m.); angeführt wird die christliche Heerschar durch den Erzengel Michael, dessen Schild die Aufschrift „Quis ut Deus" (Wer ist wie Gott) trägt.

Im *Rittersaal* des Obergeschosses machen zwei Reliefs an den Längswänden kenntlich, dass sich der Abt in die Tradition mittelalterlichen Rittertums einordnete, die im 18. Jh. kulturell nicht mehr präsent war: Auf dem einen Relief ist die Erteilung des Ritterschlags dargestellt, auf dem gegenüberliegenden versinnbildlichen drei Putten ritterliche Tugenden.

Abb. 108: Fußboden mit Intarsienarbeit: Abtwappen von Hyacinth Alphons Graf von Suys

Auf dem Deckengemälde ist eine allegorische Darstellung der Kirche zu sehen: Die weibliche Figur der *Ecclesia* (Kirche) ist mit einer Tiara, also der Papstkrone, geschmückt, steht aufrecht in einem Streitwagen, hält in der rechten Hand die Eucharistie und überrollt Menschen auf ihrem Weg, die vermutlich Feinde der Kirche sind. Über das militärische Ende dieser Fahrt der *Ecclesia* lässt das Gemälde keinen Zweifel: der Sieg der Kirche über die Heiden.

Im *Jagdzimmer* ist an der Wand eine Abbildung der Abtei zu sehen, wie sie von Abt von Suys 1721 geplant war: Zu sehen ist der äußere Südflügel, der erst im 19. Jh. gebaut wurde; es fehlen die Torbauten, die nach den Plänen des Abtes offenbar entfernt werden sollten. Auch die heute noch existierenden Wirtschaftsgebäude westlich der Torbauten sollten nach dem vorliegenden „Bauplan“ stilistisch in die projektierte Gesamtplanung integriert werden. Die anderen auf dem Bild zu sehenden Wirtschaftsgebäude sind nie gebaut worden. Im oberen Teil des Bildes ist ein fliegender Adler zu sehen, der das Wappen des Grafen von Suys mitsamt dem Abtstab und dem Schwert in den Fängen hält, Symbole der geistlichen und weltlichen Macht. Die Wandgemälde waren bis zu ihrer Restaurierung mit Tapeten bedeckt.

In der Abtkapelle weist der hölzerne Fußboden eine Intarsienarbeit mit dem Wappen des Erbauerabtes und der Jahreszahl 1721 auf.

Zusammengefasst stellt das Bildmaterial der Innenausstattung des Klosters den geistlichen und weltlichen Anspruch der Abtei in Kornelimünster im 18. Jh. dar. Theologisch verstand sie sich als Repräsentantin und Akteurin einer *triumphierenden Kirche (ecclesia triumphans)*. Stilistisch sind im Gebäude wesentliche Merkmale des Barock zu finden: Ein Barockbau ist ein Gesamtkunstwerk, in dem die Architektur mit Plastik, Stuck und Malerei eine Einheit bildet.

Aufgrund der unterschiedlichen Nutzung der Gebäude der Reichsabtei seit 1802 ist an vielen Stellen der ursprüngliche Zustand der Gebäude verändert worden und auch nicht mehr rekonstru-

Abb. 109: Wandschmuck (Obergeschoss)

ierbar. So gibt es bisher keinerlei Hinweise darauf, wo sich die Wohnräume der Konventmitglieder befanden.

Das Klostergebäude ist über mehrere Jahrzehnte hin innen (Deckengemälde, Stuckarbeiten, Kaminanlagen, Fußböden) und außen restauriert und für die heute darin befindliche Kunstausstellung funktional ausgestattet worden. Heute beherbergt die ehemalige Reichsabtei die Sammlung „Kunst aus Nordrhein-Westfalen".

Die Bergkirche St. Stephanus

Die eindeutig belegbaren urkundlichen und archäologischen Informationen über die Entstehung der Kirche St. Stephanus sind ausgesprochen dürftig. Die mutmaßlich erste schriftliche Erwähnung der Kirche ist in einer Urkunde von 1251 zu finden, in der der damalige Abt Wilhelm mit Bestätigung des Erzbistums Köln dem Konvent das Patronatsrecht übergab: Die Rede ist allerdings dabei nur allgemein von den „Kirchen in Inda" – ohne dass St. Stephanus erwähnt wird. Die Einkünfte aus dem Patronat wurden danach dem Konvent und einem residenzpflichtigen Weltgeistlichen zugesprochen. Das Patronatsrecht implizierte Rechte und Pflichten: Das wichtigste Recht war das Besetzungsrecht (hier bezogen auf die Stelle des Pfarrers); zu den wichtigsten Pflichten gehörte die Baulast.

Es ist zu vermuten, dass die Anfänge der Kirche erheblich weiter zurückliegen, ohne dass dafür exakte Belege zu finden sind. 1465 wurde die Kirche erneut dem Kloster inkorporiert. Folgende Ortschaften gehörten zum Pfarrsprengel von St. Stephanus: Schmithof, Hahn, Friesenrath, Venwegen, Breinig, Büsbach, Krauthausen, Freund, Brand, Rollef, Nieder- und Oberforstbach, Schleckheim, Nütheim, Walheim – mit anderen Worten das Gebiet des Münsterländchens.[146] Die Kirche St. Stephanus war somit die eigentliche Pfarrkirche

Abb. 110: Bergkirche St. Stephanus

Abb. 111: Bergkirche (Westbau)

Abb. 112: Bergkirche (Innenraum)

Abb. 113: Bergkirche (Innenraum) ▷

Abb. 114: Konsolenfiguren

Abb. 115: Ausblick vom Friedhof (Bergkirche)

Abb. 116: Ausblick vom Friedhof (Bergkirche)

der Region. Die Klosterkirche St. Kornelius blieb dem Mönchskonvent vorbehalten.

In einem Weistum, einer mündlich überlieferten Rechtsquelle (mutmaßlich aus dem 17. Jh.), ist die Rede vom hl. Stephanus als dem Patron der „Mutterkirche auf dem Berg“ (moderkirchen auf dem berge).[147] Nach Aufhebung der Abtei 1802 wurde die Klosterkirche zur Pfarrkirche von Kornelimünster und die Bergkirche verlor ihren Status als Pfarrkirche.

Was der Betrachter heute sieht ist eine spätgotische Hallenkirche mit einem älteren Westbau. Beide Gebäudeteile sind über Jahrhunderte hin verfallen, mehrmals zerstört, umgebaut, beschädigt, wieder aufgebaut restauriert worden. Von Fisenne spricht 1880 in seinen „Denkmalen des Mittelalters“ davon, dass der Wind „Schnee und Regen in das Innere treibt“. „Der Fußbodenbelag ist aufgerissen und verkauft worden, die Mauern ihres ursprünglichen, mit Malerei belebten Bewurfes, entkleidet, zeigen das rauhe Mauerwerk. Die Gewölbe sind durchlöchert … der Balken des Triumphbogens weggesägt, die Mittelfenster des Chores geschlossen.“[148] Die letzte Restaurierung erstreckte sich über mehrere Jahre (1984–1990). Dabei wurde die Kirche außen und innen einer grundlegenden Restaurierung unterzogen.[149] Am Fronleichnamsfest 1990 wurde die neu restaurierte Bergkirche der Propsteigemeinde übergeben.

Das Erdgeschoss des zweigeschossigen Westbaus besteht heute aus einem dreischiffigen Raum mit Tonnengewölben, die von quadratischen Pfeilern getragen werden. Baumaterial und Mauertechnik lassen darauf schließen, dass die ursprüngliche Bebauung in das 10. Jh. zu datieren ist. Hugot vermutet, dass dem mittleren Schiff im Osten eine später vermauerte *Confessio* als Bestandteil eines quadratischen Chors vorgelagert war, unter dem sich eine „Krypta“ befand. Eine Confessio diente der Verehrung eines Heiligen.[150] Im Obergeschoss sind heute die Glocken der Pfarrgemeinde installiert.

Mit dem Bau des heutigen Langhauses, einer dreischiffigen, gotischen Kirche wurde vermutlich im 14. Jh. begonnen: Rundsäulen, Spitzbogenarkaden und Teile der unteren Außenwand stammen aus dieser Zeit. Um 1500 erfolgten die Einwölbung mit Kreuzrippen und der Bau des Chores.

Auch die Konsolen mit den Köpfen und Halbfiguren an der Nordmauer stammen vermutlich aus dieser Zeit.[151]

Wie in der Propsteikirche erfuhr auch die Bergkirche im 18. Jh. eine Barockausstattung, von der noch die Altäre erhalten sind. Das Wappen von Abt Hyacinth Alphons Graf von Suys mit der Jahreszahl 1718 befindet sich über der Tür zur (alten) Sakristei, deren Baukörper vermutlich vorgotischer Zeit entstammt.

Die Kirche St. Stephanus dient der Gemeinde heute vornehmlich als Friedhofskirche sowie als Raum für Kunstausstellungen und musikalische Aufführungen.

Anmerkungen

146 Kühn 1982, S. 105f.

147 Kelleter 1898, S. 107.

148 Vgl. FISENNE 1880.

149 Zur Restaurierung s. Die Bergkirche St. Stephanus 1990.

150 Hugot 1990, S. 30.

151 Dehio 2005, S. 66; Hugot 1990, S. 31f.

Alte und neue Kapellen im Münsterländchen

Neben den Kirchengebäuden der ehemaligen Abtei und der Bergkirche St. Stephanus sind noch einige kleinere Kapellen in Kornelimünster und im Münsterländchen beachtenswert.

Bereits zu Anfang der Klauserstraße macht eine Tafel auf die „Klause" aufmerksam: Der Weg führt nordwärts auf der Klauserstraße entlang, um nach einem knappen Kilometer links in das „Klauserwäldchen" abzubiegen. Der jetzt eingeschlagene Weg wird gesäumt von sieben Reliefs, die die „Sieben Schmerzen Mariens" (Weissagung Simeons, Flucht nach Ägypten, Suche nach dem Kind, Begegnung am Kreuzweg, Tod Jesu am Kreuz, der tote Jesus im Schoß Mariens ruhend, Grablegung Jesu) darstellen. Am Ende des Stationenwegs wird eine Kapelle mit einer ehemaligen Einsiedelei sichtbar: Maria im Schnee (Maria ad Nives). Auf dem Keilstein der Eingangstür sind ein Wappen und eine Inschrift zu sehen. „Frère Toma Larondel, Eremit Anno 1658". Der rechts daneben stehende Bildstock ist mit dem Wappen des Abtes Rütger Stephan von Neuhof-Ley (1699–1713), dem Erbauerabt der Korneliuskapelle, versehen.

Wahrscheinlich bis 1900 war die Klause von einem Einsiedler bewohnt. Zu Beginn des 19. Jh. erfreute sich die Klause großer Beliebtheit in adligen

Abb. 117: Klause

Abb. 118: Obelisk neben der Klause

Abb. 119: Kapelle Iternberg

Abb. 120: Kapelle „Am Bierstrauch"

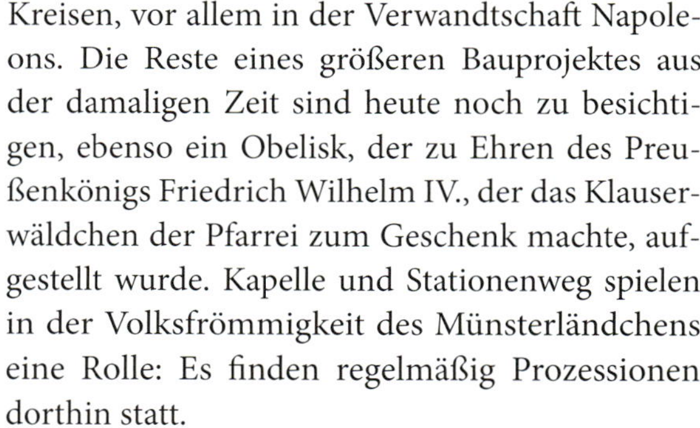

Kreisen, vor allem in der Verwandtschaft Napoleons. Die Reste eines größeren Bauprojektes aus der damaligen Zeit sind heute noch zu besichtigen, ebenso ein Obelisk, der zu Ehren des Preußenkönigs Friedrich Wilhelm IV., der das Klauserwäldchen der Pfarrei zum Geschenk machte, aufgestellt wurde. Kapelle und Stationenweg spielen in der Volksfrömmigkeit des Münsterländchens eine Rolle: Es finden regelmäßig Prozessionen dorthin statt.

Bei der Antoniuskapelle in der Breiniger Straße handelt es sich um einen Saalbau aus dem 18. Jh., der inzwischen mehrmals renoviert wurde; in einer Nische an der Westseite steht eine Steinfigur des hl. Antonius.

Die ehemalige Kapelle St. Gangolf, deren Anfänge bis ins 11. Jh. zurückgehen, wurde im 19. Jh. umgewidmet. Das ehemalige Altarretabel befindet sich heute in der Schleckheimer Kirche.

Es sind aber auch zwei neue Kapellen zu erwähnen, die von Privatleuten erbaut wurden:

Am Iternberg, auf halber Strecke zwischen Kornelimünster und Walheim, befindet sich eine der Kapellen. Hier hat sich eine Bautradition des Münsterländchens fortgesetzt: Fußboden und Kruzifixsockel sind aus Blaustein.

Bei Hitfeld steht die Kapelle „Am Bierstrauch", die dem hl. Jakobus geweiht ist. So mancher Jakobuspilger kommt auf dem Weg nach Santiago de Compostela am „Bierstrauch" vorbei.

Das neue Kloster des hl. Benedikt von Aniane und des hl. Kornelius an der Inde

Es ist eine nicht eindeutig zu beantwortende Frage, warum erst über hundert Jahre ins Land zogen, bis die 1802 aufgelöste Abtei an einem so geschichtsträchtigen Ort wie Kornelimünster wieder neu gegründet wurde. Gründe gab es viele: Kirchliche, politische, solche, die dem Zeitgeist zuzuschreiben sind, aber auch solche, die mit einem Vergessen des Benedikt von Aniane zu tun hatten, auch im Benediktinerorden.

Die Neugründung der Abtei Kornelimünster 1906

Auf Initiative des damaligen Ortspfarrers Leonhard Joseph Kleinermanns (1847–1921) kam das kirchliche Genehmigungsverfahren für eine neue Benediktinerabtei ab 1901 in Gang.[152] Die Abtei Merkelbeek (Niederlande) erklärte ihre Bereitschaft, eine Neugründung vorzunehmen. Die Abtei gehörte der Kongregation von Subiaco bzw. der Sublazenser Kongregation an. Am 6.7.1904 wurde die Genehmigung durch das Erzbistum Köln für die Niederlassung der Benediktiner aus der Abtei Merkelbeek in „Cornelimünster" erteilt. Als Gründe wurden die Anknüpfung an die benediktinische Tradition des Ortes und die Aushilfe in der Seelsorge durch Ordensmitglieder genannt.[153] In dem Bittgesuch des Merkelbeeker Abtes Hermann M. Renzel an den Kultusminister Heinrich von Studt im Juni 1904 sind exemplarisch die Gründe zu finden, die von Ordensseite aus den staatlichen und kirchlichen Behörden vorgelegt wurden, um eine Genehmigung für die Errichtung einer Niederlassung in Kornelimünster zu erwirken: Wegen Priestermangels sei in den „ausgedehnten Eifelpfarreien" und „wegen der großen Schwierigkeiten der Gebirgsgegend" eine Hilfe durch Ordensgeistliche sinnvoll. Die vielen Arbeiter, die aus ihren Eifeldörfern zu den Industriestandorten (Aachen, Stolberg) fahren, seien „der sozialdemokratischen Agitation mehr und mehr ausgesetzt"; die „Keime der Unzufriedenheit in ihren Gemeinden", die die Arbeiter mitbrächten, könnten durch die intensivierte Seelsorge ausgeglichen werden. „Für jede Benediktinerkongregation der ganzen Welt" sei gerade Cornelimünster (Monasterium ad Indam) eine der ehrwürdigsten Stätten, da hier der Heilige Benedikt von Aniane, der große Kirchen- und Ordensreformator des fränkisch-deutschen Abendlandes … gewirkt und seine letzte Ruhestätte gefunden" habe. An „einem Orte langjährigen, tiefgreifendsten Wirkens für das staat-

Abb. 121: Wappen der Abtei Kornelimünster

liche und soziale Wohl des Karolingerreiches deutscher Nation" solle das Andenken des Benedikt von Aniane geehrt werden.[154] Der damalige Bürgermeister Esser ergänzte die genannten Gründe noch mit einem wirtschaftlichen Aspekt: Der Fremdenverkehr könne damit belebt werden.[155]

Am 16.6.1905 wurde den Sublazensern die Genehmigung für eine Niederlassung in Kornelimünster erteilt.

Nach der staatlichen Genehmigung wurde das zu bebauende Grundstück erworben. Einen Finanzierungsplan gab es nicht; durch Kredite, Spenden, Stiftungen und Erbschaften wurde das notwendige Geld aufgebracht.[156] Am 12.2.1906 kamen drei Mönche aus Merkelbeek und begannen mit den Bauarbeiten. Abt Renzel nahm am 11.7.1907 die Grundsteinlegung vor. Ab Oktober 1909 bewohnten acht Mönche unter der Leitung des Subpriors P. Benno Wessels das neue Kloster; 1912 folgte die Erhebung zum selbstständigen Priorat. Die Klosterkirche wurde im neogotischen Stil ausgestaltet, was allerdings später verändert wurde. Die folgenden Jahre waren gekennzeichnet durch die zwei Weltkriege und die finanzielle Notlage, die dazu führte, dass das Kloster zeitweilig seine Selbstständigkeit verlor und in die (frühere) Prämonstratenserabtei Ilbenstadt (Hessen) überführt wurde. Hinzu kamen langjährige Streitigkeiten zwischen Ortspfarrer Kleinermanns und der Abtei bezüglich der Gottesdienstzeiten in beiden Kirchen. 1938 erhielt das Kloster erneut seine Selbstständigkeit zurück. Während des Zweiten Weltkriegs mussten fast alle Mönche das Kloster verlassen. In seinen Mauern beherbergte es ein Lazarett und nach Kriegsende ein Krankenhaus. 1948 wurde eine klostereigene Realschule eingerichtet. Ab 1950 wurde weiter gebaut. 1953 wurde das Kloster Kornelimünster zur Abtei erhoben; 1956 die neue Abteikirche geweiht.[157]

Zum ersten Abt 1956 wurde P. Bonifatius Becker gewählt (bis 1967). Es folgten: P. Berthold Simons 1967–1980; P. Albert Altenähr 1982–2007; P. Friedhelm Tissen ab 2008.

Die neue Benediktinerabtei heißt heute: Kloster des hl. Benedikt von Aniane und des hl. Kornelius an der Inde (Monasterium SS. Benedicti Anianensis et Cornelii ad Indam).

Der neuen Abtei wurden die „Ehrennachfolge" und der Titel der alten Reichsabtei zuerkannt; es handelt sich nicht um eine Rechtsnachfolge. Von der Reichsabtei übernommen wurde auch das Wappen. Kurz nach der Gründung wurde eine Oblatengemeinschaft eingerichtet, die bis heute existiert.[158]

Die Realschule schloss Ende des Schuljahres 1987/88. Ab 1992 erfolgten weitere Baumaßnahmen: Bau des Südflügels, nach Dachausbau des Flügels dort Unterbringung des Klausur- und Gästebereichs im Sinne eines „Hauses der Begegnung", Verkauf eines großen Teils des Altbaus, Umbau des Kirchenvorbaus, des „Paradieses", in einen Versammlungsraum (Egilhardus-Saal).

Benediktinisches Leben

Der Konvent lebt entsprechend der Regel des Ordensgründers Benedikt von Nursia (480–547) eine benediktinische Spiritualität: „In der Regel Benedikts" finden die Mönche „den Grundduktus" ihres „Lebens". „Als Gemeinschaft von Brüdern" wollen die Mönche „Gott suchen". Gebet und Arbeit (*ora et labora*) sind „die Pole" ihres „Selbstverständnisses". Orientierung finden sie in der Heiligen Schrift und der Benediktusregel. Sie praktizieren ein Gemeinschaftsleben; der Abt hat die „Leitungsverantwortung". Besuchern und Gästen des Klosters geben sie Anteil an ihrem „Leben als Mönche und Zeugnis von gelebtem Christsein". „Im offenen Dialog" wollen sie „in der Welt, doch nicht von dieser Welt leben".[159]

Der Konvent sieht Leben und Arbeit im heutigen Kloster auf dem Hintergrund der jahrhundertealten benediktinischen Tradition: In der Benediktusregel (RB 58, 7) wird im Zusammenhang mit einem neu ins Kloster eintretenden Novizen auf die notwendigen Eigenschaften eines Benediktinermönchs hingewiesen. „Man achte darauf, ob der Novize wirklich Gott sucht". Die Gottsuche (*Quaerere deum*) ist in dreifacher Weise erkennbar: Im Eifer für den Gottesdienst, im Gehorsam und in der Annahme der „Widerwärtigkeiten" des Lebens. Dem Gebet und Gottesdienst soll im monastischen Tagesablauf nichts vorgezogen werden.[160] Der Gehorsam ist Antwort und Haltung des Mönchs bezüglich der Aufforderung aus dem ersten Satz des Prologs der Benediktusregel: „Höre, mein Sohn, und neige das Ohr deines Herzens".

Abb. 122: Innenraum der Abteikirche (von Westen)

Hier wird auf eine Vorgabe für den Mönch hingewiesen, die nicht zur Disposition steht, auf etwas, das „nicht von dieser Welt" ist. Und letztlich: Der Novize soll zeigen, dass er die Widerwärtigkeiten des Lebens annimmt. Alles Harte und Schwere auf dem Weg zu Gott soll ihm vor Augen geführt werden – heißt es in der Benediktusregel über die Kriterien der „Gott-Suche".

Die vollständige Kurzformel benediktinischer Spiritualität (die nicht in der Regel steht) heißt: *Ora et labora et lege*. Neben dem Beten und dem Arbeiten wird zum Lesen aufgefordert: Lesen und Meditieren der Heiligen Schrift (*lectio divina*).

Beim Professgelübde, der endgültigen Aufnahme in das Kloster, verspricht der Novize vor dem gesamten Konvent Beständigkeit (*stabilitas*)[161], klösterlichen Lebenswandel (*conversatio morum suorum*) und Gehorsam (*oboedientia*). Der „klösterliche Lebenswandel" impliziert persönliche Armut, Ehelosigkeit, und Zurückgezogenheit von der „Welt" (Klausur) (RB 58, 17).

Der Konvent in Kornelimünster fühlt sich neben dem kontemplativen Leben der Seelsorge verpflichtet. Ein umfangreiches Kursangebot (Einkehrtage mit verschiedenen thematischen Schwerpunkten, Exerzitien, Einführungskurse in den Gregorianischen Choral u. a. m.), lädt dazu ein, als Gast einige Tage im Kloster zu verbringen und dabei auch partiell am Leben der Mönche teilzunehmen.

Vor allem verglichen mit den letzten Jahrhunderten der 1802 aufgelösten Reichsabtei hat es vermutlich in Kornelimünster noch nie eine so konsequente Ausrichtung auf den monastischen Weg im Sinne der Benediktusregel gegeben wie heute. Dabei ist der Konvent auch dem Gründungsabt von Kornelimünster Benedikt von Aniane in besonderer Weise verpflichtet: Ein wichtiges Motiv Benedikts bei seiner Klosterreform war schließlich die Festlegung auf die Benediktusregel als einen Mittelweg zwischen einer asketischen Überforderung des Einzelnen und einem beliebigen „Alles-ist-möglich".

Die Abteikirche

Die neue Abteikirche wurde nach sechsjähriger Bauzeit 1956 eingeweiht. Es ist ein Bau entstanden, der einerseits architektonische Elemente der da-

Abb. 123: Rosette

maligen liturgischen Praxis (z. B. die Nebenaltäre für die Einzelmessen der Priester), andererseits eine allgemeine, zeitlose Raumgestaltung eines Sakralbaus erkennen lässt: Auf einem kreuzförmigen Grundriss bildet der Altar den Mittelpunkt, über dem sich eine Vierung erhebt. Konvent und Gemeinde haben einen eigenen Platz: Der hintere Raum ist der Ort, in dem sich die Mönche im Chorgestühl versammeln. Das vordere Langhaus ist der Gemeinde vorbehalten. Es schließt oben mit den Obergadenfenstern ab, die die Hauptlichtquelle für den Kirchenraum sind. Rechts vom Mönchschor befindet sich die Sakramentskapelle mit Tabernakel. Flankiert wird das Langhaus links und rechts von einem Seitenschiff. In den Paradiesvorbau vor der Kirche wurde inzwischen ein Versammlungsraum integriert.

Die Glasfenster stammen von Ernst Jansen-Winkeln (1904–1992).

In der Rückwand des Langhauses ist ein großes zwölfteiliges Fenster angebracht. Neben verschiedenen christlichen Motiven sind in der unteren Bilderreihe örtliche Bezüge sichtbar. Neben einer Allegorie der Kirche in der Mitte sind die zwei Ordensheiligen zu sehen: Links Benedikt von Nursia mit einem Hirtenstab und einem Buch in den Händen, rechts Benedikt von Aniane – in einem Buch schreibend.

In der Fensterrose im Chor sieht man eine Mariendarstellung. Eine thronende Madonna mit Jesus – motivisch vergleichbar mit den romanischen Madonnenskulpturen, allerdings erheblich triumphalistischer als die mittelalterlichen Darstellungen. Die Kirche ist Maria geweiht: Das Patronatsfest wird am 15. August, dem Tag der Aufnahme Mariens in den Himmel, gefeiert. In der Sakramentskapelle befindet sich ein einzelnes Fenster, auf dem Christus abgebildet ist; diesmal der erwachsene Christus, aber von ähnlicher Haltung: „In ikonenhafter Würde und Distanz thront Christus vor dem Besucher.“[162]

In den Querschiffen sind in beiden Rosetten christliche Symbole zu finden: Links das Lamm mit Kreuz als Darstellung für den auferstandenen Christus aus der Offenbarung des Johannes und rechts ein Korb mit Ähren und Trauben als Symbole für das eucharistische Opfer Christi.[163]

In Kirche und Kloster sind seit 1986 auch Bilder der Malerin Janet Brooks Gerloff zu sehen: Die Bilder zur Heiligtumsfahrt, die Bilder des Elija-Zyklus und das „Emmaus“-Bild.[164] Exemplarisch sollen hier zwei Bilder genauer in Augenschein genommen werden.

Bezüglich der Bilder zu den Kornelimünsteraner Reliquien setzt A. Altenähr einen Rahmen für die Interpretation: Die Bilder „sind ein Frömmigkeitsecho auf den Gründonnerstag, den Karfreitag und den Ostermorgen“. Nicht die Materialität der Reliquien steht im Mittelpunkt, sondern das, „worauf sie verweisen.“ Die dargestellten Szenen sind ein-

Abb. 124: J. Brooks Gerloff,
Jünger am leeren Grab
(Abteikirche/rechtes Seitenschiff)

gebunden in die Erzählungen der Evangelien und in die Frömmigkeitstradition von Kornelimünster. Die drei Altarbilder „bekennen sich zum biblischen Text (und zu den Reliquien), aber sie ‚fotografieren' ihn nicht. Sie ersetzen den Text nicht, sondern sie sind Andeutungen und laden so ein, vor den Bildern zu verweilen …".[165]

Das Osterbild (drittes Bild im rechten Seitenschiff) verbindet „Passion" und „Ostern". Im Johannesevangelium kommen Petrus und Johannes („der andere Jünger") zum Grab: Johannes „beugte sich vor und sah die Leinenbinden daliegen; hinein ging er jedoch nicht. Dann kam auch Petrus … Er ging in das Grab hinein und sah die Leinenbinden daliegen und das Schweißtuch, das seinen Kopf bedeckt hatte … Hierauf ging auch der andere Jünger, der zuerst zum Grab gekommen war, hinein und sah und glaubte. Denn noch hatten sie die Schrift nicht verstanden, dass er von den Toten auferstehen musste. Dann gingen die Jünger wieder nach Hause." (Joh 20,5–10). Dieses „Oster"-Bild ist meilenweit entfernt von triumphalistischen Auferstehungsdarstellungen aus vergangenen Jahrhunderten. Dieser Jünger schaut durch den Spalt, zögerlich, unsicher darüber, was ihn erwartet, vielleicht ängstlich. Was er sieht, das sind Tücher und ein leeres Grab. Die

Abb. 125: J. Brooks Gerloff, Emmaus (Kreuzgang)

Deutung dieser so dargestellten Szenerie kann in unterschiedliche Richtungen gehen. In enger Anlehnung an den Bibeltext ist entweder Petrus oder Johannes abgebildet. Bei Petrus wird von keiner Reaktion nach seinem Blick in das Grab erzählt. Von Johannes heißt es: „… er sah und glaubte“. Der Jünger auf dem Bild von Brooks Gerloff schaut eher abwartend durch den Spalt in das Grab hinein, scheint fast ängstlich dazustehen. Auf jeden Fall ist er weit davon entfernt, im Sinne des orthodoxen Ostergrußes auszurufen: „Er ist auferstanden!“.

Im Kreuzgang des Klosters hängt das eigens für die Abtei 1992 gemalte „Emmaus“-Bild von Brooks Gerloff. Ohne den Titel „Emmaus“ erzeugt das Bild für den Betrachter diverse Leerstellen im Sinne einer nach verschiedenen Richtungen hin offenen Deutung. Mit dem Titel ist der Bezug zur Geschichte aus dem Lukasevangelium (24,13–35) eindeutiger festgelegt: Abgebildet sind drei Personen. Die zwei Personen links sind in schwarze Umhänge gekleidet, die nur Kopf und Füße sehen lassen. Die dritte Person ist lediglich konturiert zu sehen und erscheint ansonsten durchsichtig. Alle drei sind im Gehen begriffen; die mittlere legt ihre rechte Hand auf die Schulter der rechten. Der Hintergrund zeigt eine ockerfarbene Landschaft mit einem hellen Horizont. Am linken Rand ist möglicherweise ein Gebäude angedeutet. Aus dem Lukastext weiß der Betrachter, dass es sich um die zwei Jünger handelt, die nach Ostern auf dem Weg nach Emmaus sind, in deprimierter Stimmung, weil der Tod Jesu ihrer Hoffnung auf den Messias ein jähes Ende setzte.

Es gesellt sich im Laufe der Wanderung eine dritte Person hinzu, deren Identität sich erst am Ende des Tages beim Essen klärt: Beim Brotbrechen erkennen sie Jesus. Die im Bild festgehaltene Situation ist so gestaltet, dass der Betrachter annehmen kann, dass die zwei Jünger mit dem Dritten – obwohl nur konturiert gezeichnet – ein normales

Gespräch führen, so als ob sie seine entmaterialisierte Erscheinung überhaupt nicht wahrnähmen. Sobald sie Jesus in Emmaus – so der Lukastext – erkennen, ist er allerdings auch schon ihren Augen entschwunden. Die Wahrnehmung der zwei Jünger ist so beschaffen, dass sie ihn auf dem Weg nicht als den „Auferstandenen" erkennen; nur der Betrachter sieht den nur Konturierten nicht als normale Erscheinung an. Und mit dem Moment des Erkennens seiner Identität in Emmaus entgleitet nach dem Lukasevangelium der „Auferstandene" ihrer Wahrnehmung. Das Herz der zwei brannte zwar, so der Text, aber ihre sinnliche Wahrnehmung versagt: „Herz" und „Augen" sind zweierlei.

Das Bild befindet sich im Kreuzgang an einer Stelle, an der der Konvent sich zur Statio versammelt. „Die Mönchsgemeinschaft stellt sich hier vor den großen Gottesdiensten auf, um sich für die Feier des Gotteslobs zu sammeln und beim Glockenzeichen in Prozessionsordnung in die Kirche zu ziehen. An der Stirnwand des Ganges ein Bild der Jünger, die mit dem unerkannten Auferstandenen auf dem Weg nach Emmaus sind: Blickfang der Sammlung, Hinüberführen der Gedanken von den Brennpunkten des Alltags in den Brennpunkt des anbetenden Gotteslobs." Auf dem Weg zum Gottesdienst begleitet die Mönche der „unerkannte Auferstandene".[166]

Benediktinische Bezüge

Die Klosterkirche enthält eine Reihe von Bezügen zur benediktinischen Spiritualität. Es sollen zwei künstlerische Ausstattungsstücke herausgegriffen werden: die Glasfenster in den beiden Seitenschiffen der Abteikirche.

Die **illustrierten Lebensgeschichten von Benedikt von Nursia und Benedikt von Aniane** sind Geschichten aus der jeweiligen *Vita* des Heiligen.

Benedikt von Nursia (480–547) – **Glasfenster im rechten Seitenschiff**
(Beginnend vom Kircheneingang aus und von unten nach oben zu lesen)

1. **Abschied von den Eltern:** (Benedikt) *stammte aus angesehenem Geschlecht in der Gegend von Nursia* … (Er) *verließ das Haus und die Güter seines Vaters* (Dial. 2, Prol. 1).[167]
   Benedikt verlässt das materiell gut ausgestattete Leben in der Heimat.
2. **Studium in Rom:** Er begann das Studium in Rom. Die Stadt verließ er sehr schnell wieder, um nicht von ihrer *Lebensart* (wörtlich: vom Wissen der Welt / *scientia mundi) angesteckt* zu werden. *So ging er fort: unwissend, doch erfahren; ungelehrt, aber weise* (Dial. 2, Prol. 1). *Nur seine Amme, die ihn sehr liebte, folgte ihm* (Dial. 2, 1,1).
   Mit *Lebensart* sind die *Abgründe des Lasters* (der Großstadt Rom) gemeint.
3. **Benedikt fügt ein zerbrochenes Sieb zusammen:** Seine Amme war wegen eines zerbrochenen Siebs verzweifelt. Benedikt sprach ein Gebet und gab der Amme das Sieb *unversehrt (sanum)* zurück. Er hatte Mitleid mit ihr und tröstete sie (Dial. 2, 1–2).
   Benedikts Heiligkeit offenbart sich zum ersten Mal in einem Wunder, das begleitet wird durch ein Gebet.
4. **In der Einsamkeit von Subiaco**: Um dem Lob der Menschen zu entgehen, verließ er seine Amme (wörtlich: er floh / *fugiens*) und *zog sich an einen einsamen Ort* (Subiaco) zurück. Der *Mann Gottes* (*vir Dei*) lebte dort drei Jahre lang in einer *ganz engen Höhle*. Versorgt wurde er von einem Mönch namens Romanus aus einem benachbarten Kloster. Der *Alte Feind* (*hostis antiquus*) störte das Einsiedlerleben und zerschlug die Glocke, die als Signal bei der Versorgung durch Romanus diente (Dial. 2, 1,5f).
   Die Einsamkeit, häufig die Wüste, ist wegen ihrer Reizarmut und der damit fehlenden Zerstreuungsmöglichkeit der Ort der Gottesbegegnung.
5. **Benedikts Prüfung:** Ein *böser Geist* erzeugte in Benedikts Phantasie das Bild einer Frau, das in ihm eine *heftige sinnliche Versuchung entfachte.* Beinahe hätte er *die Einsamkeit verlassen. Da traf ihn plötzlich der Blick der göttlichen Gnade, und er kehrte zu sich selbst zurück und er warf sich nackt* in ein Dornengebüsch. *Durch die Wunden der Haut* heilte er *die Wunde der Seele. Er besiegte die Sünde, indem er das Feuer umwandelte* (Dial. 2, 2,2).

6. **Begegnung mit anderen:** Ein Priester suchte Benedikt zu Ostern in seiner Höhle auf und gemeinsam hielten sie Mahl.
   Benedikt hatte sich *weit von den Menschen entfernt*. Anschließend fanden sich immer wieder Menschen in seiner Höhle ein. *Sie brachten ihm Nahrung für den Leib und nahmen in ihrem Herzen dafür aus seinem Mund Nahrung für das Leben mit* (Dial. 2, 6–8).
   Der Priester tritt hier gleichsam als ein soziales Korrektiv im Hinblick auf Benedikts Einsiedlerdasein auf.
7. **Mönche verüben einen Giftanschlag auf Benedikt:** Mönche aus einem in der Nähe gelegenen Kloster überredeten Benedikt – nach einem anfänglichen Zögern – dazu, ihr Abt zu werden. Die Art und Weise, wie Benedikt seine Abtstätigkeit ausführte, missfiel den Mönchen nach einiger Zeit. *Sie sahen nun, dass unter ihm Unerlaubtes unerlaubt blieb, und es schmerzte sie, von ihren Gewohnheiten lassen zu müssen.* Benedikt entging einem Mordversuch, weil das Glas mit dem vergifteten Wein durch eine Segnung seinerseits zerbrach. *Mit friedfertigem Blick und gelassenem Sinn* verzieh er den Mönchen und *kehrte an die Stätte seiner geliebten Einsamkeit zurück. Allein, unter den Augen Gottes … wohnte er in sich selbst* (habitavit secum).
   In Gregors anschließendem Kommentar heißt es dann: Wäre er länger bei den Mönchen, deren Lebensweise eine andere war als die seinige, geblieben, so hätte er in der *Unruhe der Gedanken* die *innere Ruhe* verloren (Dial. 2, 3, 2–5).
8. **Die Benediktusregel:** Benedikt *schrieb eine Regel für Mönche, ausgezeichnet durch maßvolle Unterscheidung (discretione).* In dieser Regel ist alles zu finden, was er als Meister vorgelebt hat: *Der heilige Mann konnte gar nicht anders lehren, als er lebte* (Dial. 2, 36).
9. **Benedikts Kampf mit dem „Alten Feind":** Ein Mönch wurde bei Bauarbeiten durch eine einstürzende Mauer schwer verletzt. Den Unfall hatte der *Alte Feind* im Vorhinein angekündigt. Der Schwerverletzte wurde in Benedikts Zelle gebracht und dieser *betete inständiger als sonst*. Das Wunder geschah und der Mönch kehrte *unversehrt und gesund* zurück. *So konnte der junge Mönch, durch dessen Tod der Alte Feind Benedikt hatte verhöhnen wollen, mit den Brüdern die Mauer fertigbauen* (Dial. 2, 11,1–3).
10. **Benedikt holt ein Sichelmesser vom Grund eines Sees:** Einem Mönch – einem Goten – fiel bei Arbeiten ein Sichelmesser in den See. Sich selbst anklagend meldete er sein Unglück. Benedikt holte das Messer aus dem Wasser und sprach zu dem Mönch: *Geh wieder an deine Arbeit und sei nicht traurig* (Dial. 2, 6,1–2).
11. **Gang über das Wasser:** Der Mönch Maurus rettete auf Anweisung Benedikts seinen Mitbruder Placidus, der zu ertrinken drohte. Maurus *glaubte auf festem Boden zu gehen und lief doch über das Wasser*. Ein Streit über die Urheberschaft der Rettung endete mit dem Ausspruch des Placidus: *Als ich aus dem Wasser gezogen wurde, sah ich über meinem Kopf den Umhang des Abtes, und für mich war er es, der mich aus dem Wasser zog* (Dial. 2, 7,2f).
12. **Wasser aus dem Felsen:** Mönche aus einem hoch in den Bergen gelegenen Kloster kamen zu Benedikt und beklagten sich darüber, dass sie über einen weiten und beschwerlichen Weg das notwendige Wasser holen mussten. *Er tröstete sie liebevoll und entließ sie.* Am nächsten Morgen fanden die Mönche in der Höhe eine Quelle. (Dial. 2, 5,1–3).
    Mit diesen Trostworten begegnet Benedikt seinen Mitbrüdern in anderen vergleichbaren und scheinbar ausweglosen Situationen.
13. **Die Begegnung Benedikts mit seiner Schwester Scholastika**: Außerhalb des Klosters trafen sich Benedikt und Scholastika, die zu Besuch gekommen war. Ihr *geistliches Gespräch* dauerte bis in den Abend hinein und Scholastika bat ihren Bruder darum, ihr Gespräch die ganze Nacht über fortzusetzen. Dem entgegenstanden monastische Vorschriften wie z. B. die, dass die Nacht nicht außerhalb des Klosters verbracht werden durfte. Ein Tränengebet Scholastikas und ein Unwetter verhinderten denn letztlich die Rückkehr ins Kloster. *Ganz gegen seinen Willen stand er vor einem Wunder, das die Kraft des allmächtigen Gottes nach dem Herzenswunsch einer Frau erwirkt hatte* (Dial. 2, 33,1–5).

1–3

4–6

7–9

Abb. 126: Glasfenster zur Vita Benedikts von Nursia (rechtes Seitenschiff der Abteikirche)

10–12

13–15

Die Geschichte ist ein Beispiel dafür, dass es bei einer Regelanwendung im Sinne der Unterscheidung *(discretio)* auf die konkrete Situation ankommt.

14. Scholastikas Tod: Drei Tage später sah *Benedikt die Seele seiner Schwester in Gestalt einer Taube zum Himmel aufsteigen* (Dial. 2, 34, 1–2).

15. Benedikts Tod: *Sechs Tage vor seinem Tod ließ er sein Grab öffnen … Am sechsten Tage ließ er sich von seinen Jüngern in die Kirche* (oratorium) *tragen … Er ließ seine geschwächten Glieder von den Händen seiner Schüler stützen, so stand er da, die Hände zum Himmel erhoben, und hauchte unter Worten des Gebetes seinen Geist aus* (Dial. 2, 37,1f).
Benedikt stirbt stehend in der Gebetshaltung der Alten Kirche; das Stehen beim Tod ist sonst nirgendwo bezeugt.[168]

Benedikt von Aniane (750–821) – Glasfenster im linken Seitenschiff
(Beginnend vom Kircheneingang aus und von oben nach unten zu lesen; Text erzählt nach der Vita Benedicti Anianensis)

1. Benedikt verbringt seine Kindheit am fränkischen Königshof. Das war der übliche Beginn einer Aristokratenlaufbahn.
2. Nachdem Benedikt Zeuge eines tragischen Unfalls wurde, bei dem sein Bruder ums Leben kam, leistet er ein Gelübde, der Welt zu entsagen.
3. Benedikt tritt für einige Jahre in das Kloster des hl. Sequanus ein, lebt nach strengen Mönchsregeln und gründet anschließend ein neues Kloster in Aniane.
4. Während einer Hungersnot kümmert er sich um die Bedürftigen, wobei er auch die Vorräte aus dem eigenen Kloster verteilt.
5. Benedikt übernimmt die Benediktusregel. Früher war er der Meinung gewesen, diese sei eine Regel für Anfänger und Schwache.
6. Benedikt wird Berater Kaiser Ludwigs des Frommen, um die Benediktusregel in allen Klöstern des Frankenreichs verbindlich einzuführen.
7. In der Nähe von Aachen lässt Ludwig für Benedikt das Kloster Inda bauen: Er wird der erste Abt. Das Kloster wird reich ausgestattet und steht unter dem besonderen Schutz des Kaisers.
8. Benedikt verfasst den *Codex regularum* und die *Concordia regularum,* eine Zusammenstellung und ein Vergleich von allen in Gebrauch befindlichen Ordensregeln.
9. Benedikt als Lehrer der Mönche: Benediktusregel und konkrete Regeln für die Lebenspraxis werden eingeführt.
10. Benedikt erhält von Kaiser Ludwig die „Biblischen Heiligtümer“ (nicht in der Vita erwähnt).
11. Benedikt ist der geistliche Inspirator der Reichssynoden 816–818/19: Benediktusregel und Gewohnheiten werden Reichsgesetze.
12. Benedikt stirbt am 11. Februar 821.

Anmerkungen

152 Vgl. Nürnberger 2013, S. 102.
153 Vgl. Nürnberger 2013, S. 108.
154 Zitiert nach Nürnberger 2013, S. 325.
155 Vgl. Nürnberger 2013, S. 117.
156 Vgl. Nürnberger 2013, S. 131–137.
157 Simons 1980, S. 423–426.
158 Vgl. Nürnberger 2013, S. 182.
159 Benediktinerabtei Kornelimünster, Unser Selbstverständnis.
160 Kaftan, Christi Liebe nichts vorziehen.
161 Altenähr, Christsein im Spannungsbogen von Stabilitas und Gottsuche.
162 Altenähr, „Brot des Lebens“.
163 Vgl. Jansen-Winkeln (in: Benediktinerabtei Kornelimünster 1956, S. 59–64)
164 Benediktinerabtei Kornelimünster, Bilder von Janet Brooks Gerloff.
165 Altenähr 1988, S. 26f.
166 Altenähr, Unterwegs nach Emmaus.
167 Kursiv gedruckte Zitate aus der Vita Benedicti (Gregor der Grosse, Dialoge 2).
168 Puzicha 2012, S. 407.

1–3

4–6

7–9

10–12

Abb. 127: Glasfenster zur Vita Benedikts von Aniane (linkes Seitenschiff der Abteikirche)

Vom Aufgang der
bis zum
sei gelobt
Name des Herrn!

Die evangelische Kirche in Kornelimünster

„In der Frühen Neuzeit nahm man viele protestantische Kupfermeister, die Aachen verlassen mussten, im Münsterländchen auf.“[169] Neben Kupfermeistern waren es v. a. protestantische Familien aus dem Tuchmachergewerbe, die aus Aachen abwanderten und im Münsterländchen eine neue Heimat fanden.

Ein Großteil der evangelischen Migranten im 16. Jh. waren Flüchtlinge, die aufgrund der konfessionellen Auseinandersetzungen in Aachen von dort wegzogen. Der Höhepunkt dieser Auseinandersetzungen zwischen Katholiken und Protestanten war 1611 die Hinrichtung von Johan Kalckberner, der der Anführerschaft innerhalb der protestantischen Opposition gegen die Unterdrückung der Religionsfreiheit durch die Katholiken in Aachen bezichtigt wurde.

So bildete sich 1575 zuerst in Zweifall eine protestantische Gemeinde. Im 20. Jh. entstand aufgrund des demographischen Wachstums eine Neugründung der evangelischen Gemeinde in Kornelimünster (1965).

Die evangelische und die katholische Gemeinde veranstalten während des Jahres regelmäßig gemeinsame Gottesdienste, z. B. am Pfingstmontag in der Bergkirche St. Stephanus.

Die Künstlerin Janet Brooks Gerloff, die mehrere Jahre in Kornelimünster lebte, hat ihr letztes Werk für das 1997 umgebaute Kirchengebäude der evangelischen Gemeinde geschaffen und damit,

◁ Abb. 128: Ökumenischer Gottesdienst am Pfingstmontag in der Bergkirche (2012)

Abb. 129: Evangelische Kirche

Abb. 130: Glasfenster von J. Brooks Gerloff

nachdem sie bereits für die neue Benediktinerabtei eine Reihe von Bildern gemalt hatte, eine weitere Spur ihres künstlerischen Wirkens in Kornelimünster hinterlassen.

Im Glasfenster wurden gleichermaßen Motive aus dem Alten und aus dem Neuen Testament verarbeitet. Das Bild ist aufgeteilt in drei unterschiedlich große Zeilen. Es ist von oben nach unten zu lesen – aber vielleicht auch umgekehrt von unten nach oben. Im oberen Segment ist nach Gen 2,11–14 der Paradiesstrom (Eden) dargestellt, der sich weiter nach unten gehend in die vier Hauptarme Pischon, Gihon, Tigris und Euphrat aufteilt. Die vier Ströme fließen in der darunter liegenden Zeile durch die vier Evangelisten durch: Diese sind an ihren Attributen zu erkennen (Matthäus – Mensch, Markus – Löwe, Lukas – Stier, Johannes – Adler). Im unteren Teil des Bildes fließen die Ströme weiter, ohne dass man am Ende den einzelnen Strom noch erkennen kann. Die Evangelisten hat Brooks Gerloff nur in Umrissen dargestellt, ähnlich dem Stil des „Emmaus"-Bildes in der Abtei; Individualitäten sind nicht auszumachen. Die Künstlerin folgt einem gängigen Topos: Die Paradiesströme ergießen sich in die Welt, die Evangelisten verkünden das Evangelium – der Welt.

Harald Fenske interpretiert das Bild so: „Im großen unteren Teil des Fensters strömt die Verkündigung des Evangeliums als lebendige Flut in die ganze Welt.

So gehören also alt und neu zusammen, altes und neues Testament, das erste und das letzte Buch der Bibel. Und das lebendige Wasser im unteren Teil, im größeren Teil macht uns deutlich, dass wir einerseits bewahren sollen, aber das Bewährte immer wieder neu lebendig umsetzen müssen. Das Alte bewahren, aber nicht konservieren, neu und lebendig werden lassen in der Kirche und in diesem Raum, in dem Gottes Wort zeitnah verkündigt wird und auch nach außen hin ist diese Botschaft sichtbar."[170]

Anmerkungen

169 Kühn 2009, S. 226.

170 Fenske, Predigt zur Einweihung (http://www.kzwei.net/html/kirchenfenster.html 2013-08-15).

Kornelimünster – Ort im Münsterländchen

Am Anfang stand die Gründung eines Benediktinerklosters durch Kaiser Ludwig den Frommen und den Benediktinermönch Benedikt von Aniane im 9. Jh. Beide kannten sich aus Aquitanien – im Süden des Karolingerreiches gelegen. Ludwig, Sohn Karls des Großen und bereits vor Karls Tod (814) Mitregent, und Benedikt, Abkömmling eines westgotischen Adelsgeschlechts, der Christ und Mönch geworden war.

Mit der Gründung und dem Bau der Abtei, unweit der Kaiserpfalz in Aachen gelegen, war indirekt auch die Gründung des Ortes verbunden, der dann später Kornelimünster hieß. Sicher ist, dass der Name „Kornelimünster" sich zuerst auf das Kloster bezog. Wann und wo genau das erste Haus außerhalb der Immunitätsmauer des Klosters erbaut wurde oder sich dort möglicherweise vor dem Klosterbau bereits befand, wer dort wohnte und in welcher Beziehung dessen Bewohner zur Abtei standen, ist nicht mehr ausfindig zu machen. Plausibel erscheint allerdings, dass diese Bewohner für das Kloster eine Bedeutung hatten: Sie waren vermutlich Dienstleister für den Konvent, beispielsweise Bauern, die für den Lebensbedarf der Klosterinsassen sorgten. Im Laufe der Zeit erweiterten und vermehrten sich die Einwohner. Ob sie sich dabei in erster Linie als Kornelimünsteraner oder als Bewohner des Münsterländchens, also des gesamten Herrschaftsgebietes der Abtei, verstanden, ist auch nicht mehr zu rekonstruieren. Naheliegend ist, dass sie sich zuerst als Bewohner des Münsterländchens fühlten. Das ca. 10.000 Hektar große Territorium gehörte dem Abt als Landesherrn, dem sich Untertanen aus Schmithof, Breinig, Eilendorf, Brand u. a. m. gleichermaßen verpflichtet fühlten: als Bedienstete innerhalb des Klosters, als Pächter einer Mühle oder einer Landwirtschaft. Dass aus der prinzipiellen Loyalität häufig auch ein Rechtsstreit mit der Herrschaft werden konnte, ist kein Widerspruch. Die Untersuchung Gabels zur frühneuzeitlichen Geschichte der Abtei hat den Titel „Widerstand und Kooperation".

Wann der erste Einwohner den Satz aussprach: Ich komme aus Inda oder später: Ich bin ein Kornelimünsteraner (oder auch „Münsteraner"), ist eine interessante Frage, die aber niemand beantworten kann. Aber irgendwann war es soweit, dass Ort und Kloster so etwas wie eine Symbiose, eine Lebensgemeinschaft, eingegangen sind, in der der eine auf den anderen angewiesen war und umgekehrt. Als Beispiel sei genannt: Mit dem, was in Kornelimünster und im Münsterländchen erwirtschaftet wurde, konnte die Abtei Erweiterungsbauten des Klosters finanzieren. Oder umgekehrt: Der einzelne Bewohner besaß einen Rechtsschutz – ohne dass damit ein Rechtssystem im modernen Sinne unterstellt werden könnte. Dennoch gab es über Jahrhunderte hinweg z. B. die Möglichkeit, bei Rechtsstreitigkeiten eine

Abb. 131: Wappen von Kornelimünster

Abb. 132: Luftaufnahme (ca. 1930)

Instanz anzurufen, die von Bewohnern und Territorialherr gleichermaßen akzeptiert wurde – das Reichskammergericht. Eine Fülle von Archivmaterial zeugt davon, dass beide Parteien von dieser Möglichkeit oft Gebrauch machten. Fazit: Der Ort Kornelimünster (Münsterländchen) und die Reichsabtei Kornelimünster existierten über Jahrhunderte als eine nicht immer harmonische Einheit. Obwohl von der politischen Verfassung her absolutistisch angelegt, erstritten sich die Untertanen im Laufe der Zeit verschiedene Mitwirkungsrechte.[171]

Benediktinerabtei und Wallfahrt – das waren die zwei Merkmale, die dem kleinen Ort zugeordnet wurden und werden. Verglichen mit heute war naturgemäß früher vieles anders:

Abb. 133: Kornelimünster mit Straßenbahn

Abb. 134: Korneliusmarkt

Abb. 135: Korneliusplatz / Benediktusplatz

Der Blick von oben aus zeigt den Dachreiter auf dem Dach der Propsteikirche noch über dem Westbau. Die Korneliuskapelle und das damalige Bürgermeisteramt waren noch unverputzt. Die Straßenbahn fuhr bis ins Ortsinnere.

Autos hatten den Benediktusplatz und den Korneliusmarkt noch nicht besetzt.

Die Abteigebäude und die Wohnbauten von Kornelimünster stellen in ihrem Ensemble einen gut erhaltenen historischen Ortskern dar. Zwischen ehemaliger Immunitätsmauer des Klosters und dem Verlauf der Inde haben die Häuser bis heute ihren Platz. Sie zeigen eine stilistische Vielfalt, die vom Mittelalter bis in die Neuzeit reicht. „Damit ist eine Typenreihe von Häusern erhalten, welche die profane Baugeschichte des Aachener Landes fast lückenlos darstellt.“[172]

Schwerpunktmäßig repräsentiert Kornelimünster die Baukultur des 17. und 18. Jh. Korneliusmarkt, Benediktusplatz, Korneliusstraße, Steinkaulplatz, Am Berg und Napoleonsberg gehören im engeren Sinne zum historischen Ortskern. Eine

Abb. 136: Benediktusplatz

Abb. 137: Korneliusmarkt Nr. 12

Abb. 138: Korneliusmarkt/Benediktusplatz

„photogrammetrische Erfassung von Hausfassaden" hat nachweisen können, dass spätestens seit dem 16. Jh. „immer wieder Älteres durch Jüngeres ersetzt und verdrängt wurde, ohne dass man das Alte dabei völlig zerstörte".[173] Baumaterial ist neben dem Fachwerk der Dolomit- und Blaustein.

Eines der ältesten Häuser auf dem Korneliusmarkt ist das mit der Hausnummer 12. Das innere Mauerwerk und die Rückseite des Hauses gehen zurück auf das 12. Jh.: Hier befand sich das Hospital St. Nikolai. Von der Indeseite aus ist noch die Apsis der ehemaligen Kapelle zu erkennen. Die heute sichtbare Fassade des Hauses mit ihrem Erker stammt aus dem Jahr, das im Türsturz angezeigt ist: 1670.

Das Haus Nr. 56 ist ein Fachwerkhaus auf einem Blausteinsockel.

Andere Fachwerkfassaden sind nachträglich verputzt worden (Nr. 32). Die bei einigen Häusern zu findenden Treppen zum Hochparterre dienten dem Hochwasserschutz.

Reste der ehemaligen klösterlichen Immunitätsmauer befinden sich heute noch im sog. Küsterhaus (Nr. 3) am Westrand des Benediktusplatzes: Das südliche Haus steht an der ehemaligen Klostermauer, im nördlichen Haus befinden sich im Keller Reste eines ehemaligen Torturmes der Immunitätsmauer. Das heutige Küsterhaus steht damit auf der Grenzlinie zwischen Klosterbezirk und (Zivil-)Gemeinde.

Die Häuser Nr. 7 und Nr. 9 sind ebenfalls von ihrer Grundsubstanz mittelalterliche Fachwerkhäuser, die später Steinfassaden erhielten, die wiederum verputzt wurden. Bemerkenswert am Haus Nr. 15 ist die Tatsache, dass die Fassade ganz aus Blausteinquadern besteht. Vom Haus Nr. 17 wird behauptet, es sei das „schmalste Haus des Rheinlandes".[174]

Die Fassade des Hauses Nr. 24 weist gleichermaßen Barock- und Jugendstilelemente auf; über der Eingangstür steht in einem Chronogramm die Jahreszahl 1725.

Abb. 139: Benediktusplatz Nr. 24

QVÆ=CVNQVE
NOBIS CONTRIBVISTI
DOMINE
24

Abb. 140: Tür mit Entstehungsdatum des Hauses (Korneliusstraße)

Abb. 141: Kruzifix auf dem Benediktusplatz

Aufschriften an Türstürzen geben Auskunft über das Alter der Häuser.

Ohne Übertreibung lässt sich behaupten: Kornelimünster wäre ohne die Verwendung des Blausteins als Baumaterial ein anderer Ort. Der Blaustein ist überall sichtbar: An der Propsteikirche, dem Klostergebäude, den Häusern, den Treppen, den Brunnen.

Bei einem direkten Vergleich zwischen Blaustein und anderem Baumaterial ist die Wertigkeit des in der Region abgebauten Blausteins auf den ersten Blick sichtbar: Beim Bau des (inneren) Nordschiffes ging der Abtei im 16. Jh. am Ende das Geld aus. Statt des bearbeiteten Blausteins wurden für die westlichen Joche des Schiffes unformatierte Bruchsteine verwendet.

Oder: An den Fenstergewänden im äußeren Südflügel des Klosterbaus, der erst im 19. Jh. fertiggestellt wurde, ist der Blaustein, mit dem der Barockbau im 18. Jh. ausgestattet worden war, durch angestrichenen Zementputz ersetzt worden. Preußen wollte oder konnte 1876 nicht so viel Geld investieren.

Im Ort und in der Propsteikirche finden sich verschiedene Chronogramme: Lateinische Texte, in denen (römische) Jahreszahlen verarbeitet sind. In Aachen und Umgebung sind bis heute viele Chronogramme zu sehen, die seit Beginn des 17. Jh. in Kirchen, öffentlichen und privaten Gebäuden angebracht worden sind. Die Autoren bzw. Auftraggeber signalisierten damit einen Bildungsgrad, der sie gegenüber dem Durchschnitt der Bevölkerung hervorhob. In St. Stephanus wird dem Besucher in einem solchen Chronogramm bekannt gegeben, dass Gertrud und Arnold Bramerts, Einwohner des Ortes, 1712 der Kirche ein Waschbecken (Lavabo) gestiftet haben.[175]

An der inneren Westmauer der Propsteikirche hängt ein Blaustein, der sich ursprünglich außerhalb der Kirche befand, mit folgendem Text:

„septenos ab**II**sse **DI**es / b**I**s **VIDI**t **I**an**V**s
h**IC** stet**I**t **I**ns **V**et**I**s / in**D**a s**V**per**bV**s aq**VI**s"
Zweimal sah Ianus (= Monat Januar), dass sieben Tage vergangen waren. Hier stand das stolze Inden in ungewöhnlichen Wassern.

Abb. 142: Benediktusplatz

Abb. 143: Chronogramm (unterhalb des Kruzifixes / Benediktusplatz)

Abb. 144: Jüdischer Friedhof von Kornelimünster im Winter

Abb. 145: Jüdischer Friedhof

Abb. 146: Gedenktafel für die ehemalige „Synagoge" in Kornelimünster (Napoleonsberg)

Es handelt sich um eine Spezialform des Chronogramms, nämlich ein Chronostichon: ein im antiken Versmaß des Hexameters gesetzter Text, ein elegisches Distichon. Es erinnert an das Hochwasser von 1643, das schwere Schäden in der Kirche hinterließ.

Unterhalb des Kreuzes auf dem Benediktusplatz ist ein Doppelchronogramm zu finden:

„ASP**IC**E **VI**ATOR
PEN**D**ENTE**M** **I**N **C**R**VC**E
Betrachte, Wanderer,
den, der am Kreuz hängt.

CHR**I**ST**V**S T**VI** **D**AT
POENA**M** PE**CC**AT**I**
Christus trägt die Strafe für deine Sünde.

Die Jahreszahl 1813 erinnert an die Aufstellung des Kreuzes.

Über der Eingangstür des Hauses Benediktusplatz Nr. 24 hängt ein anderes Chronogramm:

Q**V**AE **CV**NQ**V**E
NOB**I**S **C**ONTR**I**B**VI**ST**I**
DO**M**INE.
Was immer du uns zugeteilt hast, Herr.

Die Zahlen geben das Erbauungsjahr 1725 an.

Abb. 147: Wegkreuze (Sandkaulplatz – Schleckheimer Straße – Breiniger Straße – Walheim)

Abb. 148: Sommer in Kornelimünster (Korneliusmarkt)

Der durch Kornelimünster fließende Fluss hat dem Kloster seinen ersten Namen gegeben. *Inda* – anfänglich auch *Enda* – hat sich allein oder in Kombination mit dem Pfarrpatron als Name für das Kloster auch bis heute gehalten. Vermutlich war das Vorhandensein eines Flusses ein wichtiger Grund für die Errichtung eines Klosters an dieser Stelle.

Der Ort ist mit der Inde eine Schicksalsgemeinschaft eingegangen: Es hat immer wieder große Überschwemmungen gegeben. Die Bewohner haben sich eingerichtet und versuchen mit dem Fluss zu leben. Die Treppen mancher Häuser im Ortskern waren als Schutz vor Hochwasser gedacht. Man rechnete stets mit der Inde. Ihr aus dem Wege gehen war nur möglich, indem man sich einige Stufen ins Hochparterre begab.

Auf einer Karte des Ortes aus dem Jahre 1807 ist der heutige Abteigarten außerhalb der Klostermauer als „Grand Jardin" („Großer Garten") verzeichnet. Der Förderkreis Abteigarten Kornelimünster e.V. engagiert sich dafür, das Gelände als Park herzurichten und instand zu halten.

Abb. 149: Inde

Abb. 150: Abteigarten

Abb. 151: Korneliuskapelle im Winter

Abb. 152: Historischer Jahrmarkt in Kornelimünster

Abb. 153: Pilgerfigur (Sockel der Korneliusstatue in der Propsteikirche)

Abb. 154: Der Camino in Kornelimünster

Abb. 155: Schuhe für den Eifelsteig (Korneliusmarkt)

Gegenüber dem alten Friedhof an der Bergkirche St. Stephanus liegt etwas versteckt der Friedhof der ehemaligen jüdischen Gemeinde in Kornelimünster. 1845 ist das Grundstück der örtlichen jüdischen Gemeinde als Friedhof von der Bürgermeisterei Kornelimünster zur Verfügung gestellt worden.

In Kornelimünster existierte eine kleine jüdische Gemeinde (1835: 37 Personen), eine „Filial-Synagogengemeinde" der Aachener Gemeinde. Der „Betsaal" oder die „Synagoge" befand sich in einem Haus, das heute nicht mehr existiert.

Um einem Gewerbe nachgehen zu können, benötigte ein jüdischer Bürger eine Genehmigung durch den Abt – in Form einer „Tribut"-zahlung. Mit der französischen Besetzung des Landes wurden Juden gleichberechtigte Bürger, wenngleich z. T. nur über einen Umweg, nämlich eine Namensänderung. In späteren Jahren wurde die grundsätzliche Gleichbehandlung jedoch über die Festlegung verschiedener Ausnahmen erneut eingeschränkt. In preußischer Zeit (ab 1815) war für eine Gewerbeausübung eines Juden eine Genehmigung („Patent") durch die Gemeindeverwaltung notwendig, so auch in Kornelimünster. Folge dieser nach wie vor fehlenden Gleichberechtigung war auch die Existenz eines separaten Friedhofs für jüdische Bürger.[176]

Der jüngste Grabstein ist datiert auf das Jahr 1935.

Wegkreuze sind im ganzen Münsterländchen zu finden – die stabilsten und ältesten sind naturgemäß aus Blaustein. Sie sind häufig von einer bestimmten Person anlässlich einer wichtigen persönlichen Begebenheit erbaut worden.

Manchmal, nicht immer, verweist ein derartiges Kreuz auf den Tod und das Sterben und spricht ein „Gedenke, dass du sterben wirst (Memento mori)" aus. Da wird der Spaziergänger ungefragt daran erinnert, dass er sterblich ist.

Kornelimünster sieht je nach Jahreszeit anders aus: Die Jahreszeiten geben den Häusern und Abteigebäuden eine spezifische Prägung.

Einmal im Jahr findet innerhalb des Ortskerns der Historische Jahrmarkt statt.

Vielleicht sind es Jakobspilger, die am Fuß der Korneliusstatue in der Propsteikirche dargestellt sind, die in der 2. Hälfte des 15. Jh. entstand. Beide sind ausgestattet mit einem Pilgerhut und einer Tasche. Kornelimünster lag an einem deutschen Jakobsweg, der aus dem Kölner Raum kommend über Aachen nach Frankreich Richtung Santiago de Compostela in Spanien führte. Im Unterschied zu Aachen gibt es kaum Belege dafür, dass Kornelimünster auf dem Weg nach Spanien zu einem längeren Verweilen von Pilgern Anlass bot.[177]

Heute ist der Weg mit seinen blau-gelben Wegmarkierungen wieder „ausgemuschelt". An Sommertagen sieht man öfter Pilger mit schwerem Rucksack die Propsteikirche besuchen und sich im Pfarramt einen Stempel für den „Credencial" (Pilgerausweis) geben lassen.

Santiago de Compostela gehört mit Rom und Jerusalem zu den wichtigsten und meist besuchten Pilgerorten der Christenheit. In Santiago besuchte man das Grab des Apostels Jakobus des Älteren.

Man kann jedoch nicht nur pilgernd durch Kornelimünster Richtung Spanien ziehen. Von hier startend zieht es viele auf dem Eifelsteig wandernd und auf dem Vennbahnradweg fahrend Richtung Süden.

Anmerkungen

171 S. Gabel 1995.
172 Hugot 1990, S. 33.
173 Hektor/Schild 1988, S. 8.
174 Hugot 1990, S. 37.
175 S. Chronogramme 2005.
176 Vgl. Haller 2012, S. 339–364.
177 Vgl. Plötz 2004.

Quellen und Literatur

Quellen:

VITA BENEDICTI ANIANENSIS (In: KETTEMANN, W. Subsidia Anianensia: Überlieferungs- und textgeschichtliche Untersuchungen zur Geschichte Witiza-Benedikts, seines Klosters Aniane und zur sogenannten „anianischen Reform". Mit kommentierten Editionen der ‚Vita Benedicti Anianensis', ‚Notitia de servitio monasteriorum', des ‚Chronicon Moissiacense/Anianense' sowie zweier Lokaltraditionen aus Aniane, 2000. Darin: Edition und Übersetzung: S. 139–223 (http://duepublico.uni-duisburg-essen.de/servlets/DocumentServlet?id=18245 2013-08-20).
Die Übersetzung der Vita Benedicti Anianensis wird zitiert nach der Kurzfassung der Vita Benedicti, wie sie in Anhang 1 zu finden ist, und der vollständigen Übersetzung in: KETTEMANN 2000, S. 139–223.

BENEDICT OF ANIANE. The emperor's Monk. Ardo's Life / Translated by Allen Cabaniss; foreword by Annette Grabowsky and Clemens Radl (= Cistercian studies series; no 220, 2008).

G. SCHMITZ (u. a.) Vita sancti Benedicti Anianensis et Indensis abbatis 2009 (http://www.rotula.de/aniane/index.htm 2013-08-24).

Benedictus abbas Anianensis, Codex regularum monasticarum (http://www.geschichtsquellen.de/repOpus_00594.html 2013-08-05).

Benedictus abbas Anianensis, Concordia regularum (http://www.geschichtsquellen.de/repOpus_00595.html 2013-08-24).

Benedicti Anianensis concordia regularum, Bonnerue, P., ed. [= Corpus Benedictus abbas Anianensis, Excerptus Christianorum Continuatio Medievalis 1168-168A], Turnhout 1999.

Benedictus abbas Anianensis, Excerptus diversarum modus penitentiarum a Benedicto abbate distinctus de regula sancti Benedicti abbatis (http://www.geschichtsquellen.de/repOpus_00597.html 2013-08-08).

CYPRIAN v. Karthago, Über die Gefallenen (in: Des heiligen Kirchenvaters Caecilius Cyprianus sämtliche Schriften / aus dem Lateinischen übers. von Julius Baer [= Bibliothek der Kirchenväter, 1. Reihe, Band 34] München 1918) (http://www.unifr.ch/bkv/buch93.htm 2013-04-24).

GREGOR der Große, Der hl. Benedikt. Buch II der Dialoge (lateinisch/deutsch), hg. im Auftrag der Salzburger Äbtekonferenz, St. Ottilien 1995 (zitiert: Dialoge 2).

Heiltumsdruck um 1500 (http://www.gesamtkatalogderwiegendrucke.de/docs/CORNELI.htm#GW07564 2012-12-23).

J. LECLERCQ, Les „Munimenta fidei" de saint Benoît d'Aniane, (ders., Analecta monstica, 1. Textes et études sur la vie des moines au moyen âge [= Studia Anselmiana 20] Rom 1948, S. 21–74).

Synode in Aachen 816 (A. WERMINGHOFF, MGH Conc., 2/1, 1906, S. 312–421, 422–456, D, 422–456). (http://www.dmgh.de/de/fs1/object/display/bsb00000637_00326.html 2013-08-24).

Synode in Aachen 817 (G. H. PERTZ, MGH LL., 1, 1835, S. 200–04 C). (http://www.dmgh.de/de/fs1/object/goToPage/bsb00000876.html?pageNo=200 2013-08-24).

Synode in Aachen 818/19 (G. H. PERTZ, MGH LL., 1, 1835, S. 206–09, 223–225). (http://www.geschichtsquellen.de/repOpus_01346.html 2013-02-12).

ERMOLDUS NIGELLUS, In Honorem Hludowici Christianissimi Caesaris Augusti ErmoldI Nigelli exulis elegiaci carminis Liber secundus (in: MGH Poetae Latini aevi Carolini, Bd. 2, hg. von E. DÜMMLER, Berlin 1884. [= MGH Poetae latini medii aevi 2 S. 467–516] Verse 563ff).

(Ermoldus Nigellus Übersetzung) Th. G. PFUND, Ermoldus Nigellus, Lobgedicht auf Kaiser Ludwig und Elegien an König Pippin, neu bearbeitet von W. WATTENBACH (in: Die Geschichtsschreiber der deutschen Vorzeit, Bd. 18, Leipzig [2]1889, S. 5–91).

GALLIA CHRISTIANA, Gallia christiana in provincias ecclesiasticas distributa, Neuausgabe, 16 Bde., Paris 1715–1770, Bd. 3: 1725, S. 732 (http://books.google.de/books?id=6pNL-wyvnfUC&hl=de&pg=PR1&redir_esc=y#v=onepage&q&f=false 2012-07-13).

LIBER MEMORIALIS von Remiremont, hg. von E. HLAWITSCHKA/K. SCHMID/G. TELLENBACH (= MGH Libri memoriales 1) Dublin/Zürich 1970 („Nomina fratrum monasterii Indae" um 865 bis 11. Jh.).

NOTITIA DE SERVITIO MONASTERIORUM (819), hg. von P. BECKER (in: Corpus Consuetudinem Monasticarum 1, hg. von K. HALLINGER, Siegburg 1963, S. 484–499).

SACRAMENTARIUM GREGORIANUM. Le sacramentaire Grégorien: Ses principales formes d'après les plus anciens manuscrits. Ed. J. DESHUSSES. 1 Le sacramentaire, Le Supplément d'Aniane. 2 Textes complémentaires pour la messe. 3 Textes complémentaires divers (= Spicilegium Friburgense 16, 24, 28) Fribourg 1971–1982.

Literatur:

AACHENER GESCHICHTSVEREIN, Kornelimünster – rechtsgeschichtlich gesehen (http://www.aachener-geschichtsverein.de/Online-Beitraege/kornelimuenster-einmal-rechtsgeschichtlich-gesehern 2012-04-12).

A. ALTENÄHR OSB, Die Altarbilder von Janet Brooks Gerloff in der Abteikirche zu Aachen-Kornelimünster (in: Geheimnis Mensch. Begegnung mit biblischen Gestalten im Werk der Malerin Janet Brooks Gerloff, hg. von D. P. J. WYNANDS, Aachen 1988, S. 26f.).

A. ALTENÄHR OSB, Das Grab des hl. Cornelius in der Callixtus-Katakombe zu Rom (als Manuskript vervielfältigt), (o. O.) 1991.

A. ALTENÄHR OSB, Die Fenster von Ernst Jansen-Winkeln in der Abteikirche Kornelimünster (http://www.abtei-kornelimuenster.de/Verschiedenes/Weitere%20Texte/Glasfenster%20Abteikirche.htm#Fenster%20Benedikt%20Aniane 2013-04-05).

A. ALTENÄHR OSB, Brot des Lebens/Glasfenster von Ernst Jansen-Winkeln (http://www.abtei-kornelimuenster.de/spirituelles/das-jahr-hindurch/karwoche/116-brot-des-lebens.html 2013-05-20).

A. ALTENÄHR OSB, Die Weite in der Grenze (http://www.abtei-kornelimuenster.de/spirituelles/2012-09-06-14-19-21/grundzuege/283-die-weite-in-der-grenze-zum-benediktinischen-gelübde-der-stabilitas.html 2013-09-15).

A. ALTENÄHR OSB, Christsein im Spannungsbogen von stabilitas und Gottsuche (http://www.abtei-kornelimuenster.de/spirituelles/2012-09-06-14-19-21/grundzuege/266-christsein-im-spannungsbogen-von-stabilitas-und-gottsuche.html 2013-09-15).

A. ALTENÄHR OSB, Unterwegs nach Emmaus (http://www.abtei-kornelimuenster.de/spirituelles/bilder-brooks-gerloff/48-spirituelles/bilder-von-j-brooks-gerloff/meditationen/81-brooks-gerloff-unterwegs-nach-emmaus.html 2013-05-20).

A. ANGENENDT, Heilige und Reliquien. Die Geschichte ihres Kultes vom frühen Christentum bis zur Gegenwart, München [2]1997.

APOKRYPHE BIBEL. Die verborgenen Bücher der Bibel, hg. von E. WEIDINGER, Augsburg 1991.

H. APPEL, Studien zur niederrheinisch-kölnischen Plastik der Spätgotik II: Ein kölnischer Schnitzaltar in Kornelimünster (in: Wallraf-Richartz-Jahrbuch, Bd. XXXIV, Köln 1972, S. 45–76).

ASSOCIATION SAINT BENOÎT D'ANIANE in Aniane (Frankreich) / Kirche St. Sauveur (Text in der Kirche St. Sauveur).

K. BAUS, Von der Urgemeinde zur frühchristlichen Großkirche (= Handbuch der Kirchengeschichte, hg. Von H. JEDIN, Bd. 1, Freiburg u. a. 1965, S. 373–380).

BENEDIKT UND DIE WELT DER FRÜHEN KLÖSTER (= Publikation der Reiss-Engelhorn-Museen Mannheim, Bd. 50, hg. von A. WIECZOREK/G. SITAR, Regensburg 2012).

BENEDIKTINERABTEI KORNELIMÜNSTER 1906–1956, Festschrift zur Konsekration der neuen Abteikirche, hg. von den Benediktinern zu Kornelimünster, (o. O.) 1956.

BENEDIKTINERABTEI KORNELIMÜNSTER, Bilder von Brooks Gerloff (s. http://www.abtei-kornelimuenster.de/spirituelles/bilder-brooks-gerloff.html 2013-05-20).

BENEDIKTINERABTEI KORNELIMÜNSTER, Unser Selbstverständnis (http://www.abtei-kornelimuenster.de/gemeinschaft/selbstverstaendnis.html 2013-10-20).

BENEDIKTINERABTEI KORNELIMÜNSTER, Kloster-ABC (http://www.abtei-kornelimuenster.de/spirituelles/2012-09-06-14-19-21/kloster-abc.html 2013-10-20).

Die BENEDIKTUSREGEL, hg. im Auftrag der Salzburger Äbtekonferenz, Beuron [2]1996 (zitiert: RB – Regula Benedicti).

DIE BERGKIRCHE ST. STEPHANUS. KORNELIMÜNSTER, hg. als Manuskript von der Propsteigemeinde Kornelimünster, (o. O.) 1990.

E. BOSHOF, Ludwig der Fromme (= Gestalten des Mittelalters und der Renaissance, hg. von P. HERDE), Darmstadt 1996.

J. BUCHKREMER, Die Architekten Johann Joseph Couven und Jakob Couven, Aachen 1896.

J. BÜCHNER, Ast- , Laub- und Maßwerkgewölbe der endenden Spätgotik (in: Festschrift für Karl Oettinger, hg. von H. SEDLMAYR/W. MESSERER), Erlangen 1967, S. 265–301.

H. CAPELLMANN, Kornelimünster. Ein Beitrag zur Geschichte des Münsterländchens, hg. vom Heimatverein Kornelimünster (o. O./o. J.).

C. CHAZELLE, The crucified God in the Carolingian era. Theology and art of Christ's passion, Cambridge 2001, S. 52–69.

CHRONOGRAMME. Vergessene Chronogramme aus der Geschichte und Gegenwart Aachens mit Übersetzungen und Erläuterungen, hg. von H. KRÜSSEL, Aachen 2005.

J. H. CLAUSSEN, Gottes Häuser oder die Kunst, Kirchen zu bauen und zu verstehen, München 2010.

A. CLOEREN-GÖRLER Das Chorgestühl der ehemaligen Benediktinerkirche in Kornelimünster Aachen-Kornelimünster, (o. O.) 1994.

A. CLOEREN-GÖRLER, Das Chorgestühl der ehemaligen Benediktinerkirche in Kornelimünster, hg. von der f2001.

J. CORNELISSEN, Stätten der Cornelius-Verehrung (http://www.cornelissen.de/cor_ver1.htm 2013-08-24).

H. DAVERKOSEN, Die wirtschaftliche Lage der Reichsabtei Cornelimünster, Aachen 1915.

G. DEHIO, Handbuch der deutschen Kunstdenkmäler. Nordrhein-Westfalen Rheinland, München/Berlin 2005.

J. DESHUSSES, Le „supplément" au sacramentaire grégorien: Alcuin ou saint Benoît d'Aniane (in: Archiv für Liturgiewissenschaft 9, 1965, S. 48–71).

P. DINZELBACHER, Die „Realpräsenz" der Heiligen in ihren Reliquiaren und Gräbern nach mittelalterlichen Quellen (in: Heiligenverehrung in Geschichte und Gegenwart, hg. von P. DINZELBACHER/D. R. BAUER, Ostfildern 1990, S. 115–174).

F. DOLBEAU, Sur un florilège carolingien de Septimanie, composé par Benoît d'Aniane (in: Revue bénédictine, 118, 2008 S. 46–68).

A. DÖRING, Rheinische Heiligenfeste durch das Jahr, Köln 2009.

P. ENGELBERT, Benedikt von Aniane und die karolingische Reichsidee. Zur politischen Theologie des Frühmittelalters (in: Cultura e spiritualità nella tradizione monastica, hg. von G. PENCO [= Studia Anselmiana, 103, 1990], Roma, S. 67–103).

P. ENGELBERT, Art. Benediktiner (in: Lexikon für Theologie und Kirche, 3. Aufl., hg. von W. KASPER, Freiburg [3]1994, Bd. 2, Sp. 211–218).

P. ENGELBERT, Das frühe benediktinische Mönchtum. Spiritualität und bildende Kunst (in: Benediktinische Kunst. Kultur und Geschichte eines europäischen Erbes, hg. von R. CASSANELLI/E. LÓPEZ-TELLO GARCÍA, Regensburg 2007, S. 47–68).

M. FELD, „Heilige Ranken". Spätgotische ornamentale Wand- und Gewölbemalerei in rheinischen Kirchen (= Dissertationen zur Kunstgeschichte, Bd. 30, Köln/Wien 1989).

L. von FISENNE, Kunstdenkmale des Mittelalters, Aachen 1880.

H. GABEL, „Äußerliche Verfolgung und innerliche Rebellion". Zur Ermordung des Abtes von Kornelimünster am 18. Juli 1699 (in: Zeitschrift des Aachener Geschichtsvereins 93, 1986, S. 87–126).

H. GABEL, Widerstand und Kooperation. Studien zur politischen Kultur rheinischer und maasländischer Kleinterritorien (1648–1794) (= Frühneuzeit – Forschungen, Bd. 2, hg. von P. BICKLE / R. VAN DÜLMEN / H. SCHILLING / W. SCHULZE, Tübingen 1995).

E. GATZ, Die Dürener Annaverehrung bis zum Ende des 18. Jahrhunderts (in: St. Anna in Düren, hg. von E. GATZ, Mönchengladbach 1972, S. 161–190).

E. GATZ, Die Geschichte der Annaverehrung (in: St. Anna in Düren hg. von E. GATZ, Mönchengladbach 1972, S. 149–160).

D. GEUENICH, Zur Stellung und Wahl des Abtes in der Karolingerzeit (in: Person und Gemeinschaft im Mittelalter. Festschrift für K. Schmid zum fünfundsechzigsten Geburtstag, hg. von G. ALTHOFF / D. GEUENICH / O .G. OEXLE / J. WOLLASCH, Sigmaringen 1988, S. 171–186).

D. GEUENICH, Gebetsgedenken und anianische Reform. Beobachtungen zu den Verbrüderungsbezeichnungen der Äbte im Reich Ludwigs des Frommen (in: Monastische Reformen im 9. und 10. Jahrhundert [= Vorträge und Forschungen 38], hg. von R. KOTTJE/H. MAURER, Sigmaringen 1989, S. 79–106).

D. GEUENICH, Kritische Anmerkungen zur sogenannten „anianischen Reform" (in: Mönchtum/Kirche/Herrschaft 750–1000, Festschrift für Josef Semmler zum 65. Geburtstag, hg. von D. BAUER/R. HIESTAND/B. KASTEN/S. LORENZ in Zusammenarbeit mit dem Institut für geschichtliche Landeskunde und Historische Hilfswissenschaften der Universität Tübingen, Sigmaringen 1998, S. 99–112).

I. GOBRY, Le temps des conquêtes. De saint Benoît d'Aniane à saint Bruno (= Les Moines en Occident, Bd. 4, Paris 2005).

R. GRÉGOIRE, Il monachesimo carolingio dopo Benedetto d'Aniane († 821) (in: Studia monastica 24, 1982, S. 349–388).

R. GRÉGOIRE, Benedetto di Aniane nella riforma monastica carolingia (in: Studi med. Ser. III, 26, 1985, S. 573–610).

E. HALLER, Spurensuche. Ein Gang durch die Geschichte von Breinig über Dorff nach Kornelimünster, hg. vom Eifel- und Heimatverein Breinig (= Breiniger Heimatblätter, Bd. 10, 2012).

A. HÄUSSLING, Mönchskonvent und Eucharistiefeier. Eine Studie über die Messe in der abendländischen Klosterliturgie des frühen Mittelalters und zur Geschichte der Meßhäufigkeit (= Liturgiewissenschaftliche Quellen und Forschungen, Münster 1973).

E. HEKTOR/I. SCHILD, Aachen-Kornelimünster. Photogrammetrische Erfassung von Hausfassaden im Kernbereich (in: Rheinische Heimatpflege 25, 1988, S. 8–11).

K. HEMMERLE, Spielräume Gottes und der Menschen (= Ausgewählte Schriften, Bd. 4, Freiburg 1996).

E. HÖNINGS, „Des freien Reichsstifts zu St. Cornelii auf der Inden unschätzbares Heiligtum". Die Christusreliquien im Wallfahrtsort Kornelimünster und ihr Kult in Mittelalter und Neuzeit, (o. O.) 1994.

L. HUGOT, Das Westoratorium in der ehemaligen Benediktinerklosterkirche zu Kornelimünster in der Zeit nach 1500 (in: Vom Bauen, Bilden und Bewahren. Festschrift für W. Weyres. Zur Vollendung seines 60. Lebensjahres, hg. von J. HOSTER/A. MANN, Köln 1964, S. 102–119).

L. HUGOT, Mittelalterliche Fresken in der Propsteikirche zu Kornelimünster (= Heimatblätter des Landkreises Aachen 21, 1968, Heft 2–4).

L. HUGOT, Kornelimünster. Untersuchungen über die baugeschichtliche Entwicklung der ehemaligen Benediktinerklosterkirche (= Rheinische Ausgrabungen, Bd. 2, Köln/Graz 1968).

L. HUGOT, Das Kloster Inda und der Klosterplan von St. Gallen (in: Zeitschrift des Aachener Geschichtsvereins 84/85, 1978, S. 473–498).

L. HUGOT, Aachen-Kornelimünster. Geschichte, Denkmäler, Schätze Köln [3]1990 (= Rheinische Kunststätten, Heft 66).

INSCHRIFTEN der Stadt Aachen, ges. und bearb. von H. GIERSIEPEN, Wiesbaden (= Die deutschen Inschriften, Bd. 32: Düsseldorfer Reihe, Bd. 2, 1993).

W. JACOBSEN, Allgemeine Tendenzen im Kirchenbau unter Ludwig dem Frommen (in: Charlemagne's Heir. New Perspectives on the reign of Louis the Pious (814–840), hg. von P. GODMAN/R. COLLINS, Oxford 1990, S. 641–654).

W. JACOBSEN, Der Klosterplan von St. Gallen und die karolingische Architektur: Entwicklung und Wandel von Form und Bedeutung im fränkischen Kirchenbau zwischen 751 und 840, Berlin 1992.

A. JANSEN-WINKELN, Künstler zwischen den Zeiten – Wilhelm Buschulte, Eitorf 1999.

O. KAFTAN OSB, Christi Liebe nichts vorziehen (http://www.abtei-kornelimuenster.de/spirituelles/2012-09-06-14-19-21/grundzuege/265-christi-liebe-nichts-vorziehen.html 2013-09-15).

KATECHISMUS der Katholischen Kirche. Kompendium, München 2005.

KATECHISMUS der Katholischen Kirche. Ablässe (http://www.vatican.va/archive/DEU0035/__P4M.HTM 2012-12-25).

H. KELLETER, Weistümer von Cornelimünster (in: Aus Aachens Vorzeit. Mitteilungen des Vereins für Kunde der Aachener Vorzeit, hg. von H. SCHNOCK, Aachen 11, 1898, S. 106–112). (http://archive.org/stream/ausaachensvor--zei11vere#page/n115/mode/1up 2013-03-06).

H. KEMPKES, Spätmittelalterliche Kirchenausstattungen des Benediktinerordens im deutschsprachigen Raum (in: Macht des Wortes. Benediktinisches Mönchtum im Spiegel Europas, hg. von G. SITAR/M. KROKER, Regensburg 2009, S. 341–361).

W. KETTEMANN, Subsidia Anianensia: Überlieferungs- und textgeschichtliche Untersuchungen zur Geschichte Witiza-Benedikts, seines Klosters Aniane und zur sogenannten „anianischen Reform". Mit kommentierten Editionen der ‚Vita Benedicti Anianensis', ‚Notitia de servitio monasteriorum', des ‚Chronicon Moissiacense/Anianense' sowie zweier Lokaltraditionen aus Aniane, 2000 (http://duepublico.uni-duisburg-essen.de/servlets/DocumentServlet?id=18245,2013-08-20).

W. KETTEMANN, Der Siegeszug der Benediktinerregel – Benedikt von Aniane (in: Macht des Wortes. Benediktinisches Mönchtum im Spiegel Europas, hg. von G. SITAR/M. KROKER, Regensburg 2009, S. 83–89).

Die KIRCHENFENSTER von Janet Brooks Gerloff in der evangelischen Kirche Kornelimünster (hg. vom Presbyterium der Evangelischen Kirchengemeinde Kornelimünster-Zweifall, Kornelimünster 2010) (http://www.kzwei.net/html/kirchenfenster.html 2013-08-15).

J. KÖHLER, Mönche als Gelehrte und Beamte? Ein Versuch zum Reformwerk von Benedikt von Aniane (750–821) (in: Literaten – Kleriker – Gelehrte, hg. von R. W. KECK, Köln u. a. 1996, S. 133–144).

T. R. KRAUS, Kornelimünster in Flammen. Anmerkungen zur Baugeschichte im 14. Jahrhundert (in: Zeitschrift des Aachener Geschichtsvereins 96, 1989, S. 103–110).

J. KREITEN, Verborgene Schätze. Legenden und Erzählungen in und um Kornelimünster und Spaziergänge durch Kornelimünster (Teil II) (o. O./o. J.).

K. KRÖLL, Die Komik des grotesken Körpers in der christlichen Bildkunst des Mittelalters (Einführung) (in: Mein ganzer Körper ist Gesicht. Groteske Darstellungen in der europäischen Kunst und Literatur des Mittelalters, hg. von K.KRÖLL/H. STEGER, Freiburg 1994, S. 11–93).

N. KÜHN, Die Reichsabtei Kornelimünster im Mittelalter. Geschichte, Entwicklung, Verfassung, Konvent, Besitz (= Veröffentlichungen des Stadtarchivs Aachen, hg. von H. LEPPER, Bd. 3, Aachen 1982).

N. KÜHN, Die Reichsabtei Kornelimünster (in: Eiflia Sacra. Studien zu einer Klosterlandschaft, hg. von J. MÖTSCH/M. SCHOEBEL, Mainz 1994, S. 91–114).

N. KÜHN, Art. Aachen-Kornelimünster, Benediktiner (in: Nordrheinisches Klosterbuch. Lexikon der Stifte und Klöster bis 1815, Teil 1: Aachen bis Düren, hg. von M. GROTEN u. a. [= Studien zur Kölner Kirchengeschichte Bd. 37, 1. Teil, S. 220–233], Siegburg 2009).

H. KÜHNE, Ostensio reliquiarum. Untersuchungen über Entstehung, Ausbreitung, Gestalt und Funktion der Heiltumsweisungen im römisch-deutschen Regnum (= Arbeiten zur Kirchengeschichte, hg. von C. MARKSCHIES/J. MEHLHAUSEN/G. MÜLLER, Bd. 75, Berlin 2000).

J. LECLERCQ, Wissenschaft und Gottverlangen. Zur Mönchstheologie des Mittelalters (Originaltitel: L'amour des lettres et le désir de Dieu) Düsseldorf 1963.

LEGENDA AUREA des Jacobus de Voragine (aus dem Lateinischen übersetzt von R. Benz, Gütersloh 2007).

LEXIKON DER CHRISTLICHEN IKONOGRAPHIE (LCI), hg. von E. KIRSCHBAUM, 8 Bde., Freiburg im Breisgau u. a. 1994 (1. Ausgabe 1968–1976).

H. B. MEYER, Benedikt von Aniane (ca. 750–821). Reform der monastischen Tagzeiten und Ausgestaltung der römisch-fränkischen Meßfeier (in: Liturgiereformen – Historische Studien zu einem bleibenden Grundzug des christlichen Gottesdienstes, hg. von M. KLÖCKENER, Münster 2002, S. 239–261).

M. MÜLLER, Die biblischen Heiligtümer von Kornelimünster. Gedruckt als Manuskript, Kornelimünster 1986.

M. E. MÜLLER, Das Lachen ist dem Menschen eigen … seine Darstellung in der Kunst des Mittelalters (in: Seliges Lächeln und höllisches Gelächter. Das Lachen in Kunst und Kultur des Mittelalters, hg. von W. WILHELMY, Regensburg 2012, S. 68–91).

F. NAGEL, Geschichte der Reichsabtei Cornelimünster und des Münsterländchens, Cornelimünster 1925.

J. NARBERHAUS, Benedikt von Aniane. Werk und Persönlichkeit, (= Beiträge zur Geschichte des alten Mönchtums und des Benediktinerordens 16, Münster 1930).

J. NARBERHAUS, Benedikt von Aniane und seine Beziehungen zur Aachener Pfalz und zum Kloster Inden (Kornelimünster) (in: Aachen zum Jahre 1951 [=Rheinischer Verein für Denkmalpflege und Heimatschutz], 1951, S. 60–66).

J. NÜRNBERGER, „Aus der Asche lodert Feuer": Die Gründung der Benediktinerabtei SS. Benedicti Anianensis et Cornelii ad Indam in Kornelimünster im Jahre 1906 (Dissertation zur Erlangung des akademischen Grades eines Doktors der Philosophie an der Rheinisch-Westfälischen Technischen Hochschule Aachen 2013 – im Druck).

K. OETTINGER, Laube, Garten und Wald. Zu einer Theorie der süddeutschen Sakralkunst 1470–1520 (in: Festschrift für Hans Sedlmayr, hg. von J. GRAF VON MOY, München 1962, S. 201–228).

E. PAULS, Beiträge zur Geschichte der grösseren Reliquien und Heiligthumsfahrten zu Cornelimünster bei Aachen, Köln 1891 (https://de.wikisource.org/w/index.php?title=Datei:Annalen_des_Historischen_Vereins_für_den_Niederrhein_52_(1891).djvu&page=161 2013-08-18).

E. PAULS, Ein Tagebuch aus der Abtei Cornelimünster zum Jahre 1756 (in: Zeitschrift des Aachener Geschichtsvereins 30, 1908, S. 464–472).

F. S. PAXTON, Christianizing death. The Creation of a Ritual Process in Early Medieval Europe, London 1990, S. 128–153.

R. PLÖTZ, Aachen als Pilgerzentrum und als Station auf dem Weg nach Santiago de Compostela (in: Jakobuskult im Rheinland, hg. von R. PLÖTZ/P. RÜCKERT, Tübingen 2004, S. 141–151).

J. M. PLOTZECK, Art. Drolerien (in: Lexikon des Mittelalters Bd. III, Stuttgart 2002, Sp. 1406f.).

F. PRINZ, Frühes Mönchtum im Frankenreich. Kultur und Gesellschaft in Gallien, den Rheinlanden und Bayern am Beispiel der monastischen Entwicklung (4. bis 8. Jahrhundert), mit einem Kartenanhang, 2., durchgesehene und um einen Nachtrag ergänzte Auflage, München 1988 (1. Auflage 1965).

M. PUZICHA, Kommentar zur Vita Benedicti. Gregor der Große: Das zweite Buch der Dialoge – Leben und Wunder des ehrwürdigen Abtes Benedikt. Im Auftrag der Salzburger Äbtekonferenz, St. Ottilien 2012.

E. von RETH, Entwurfsgedanken zum neuen Altar in der Propsteikirche St. Kornelius, Kornelimünster (Text: Propsteigemeinde St. Kornelius Kornelimünster 2007).

D. SCHALLER, Art. Ermoldus Nigellus (in: Lexikon des Mittelalters Bd. III, Stuttgart 2002, Sp. 2160f.).

B. SCHEDL, Der St. Galler Klosterplan – ein materialisierter Diskurs (in: Benedikt und die Welt der frühen Klöster [= Publikationen der Reiss-Engelhorn-Museen, Mannheim, Bd. 50], hg. von A. WIECZOREK/G. SITAR, Regensburg 2012, S. 93–106) (s. auch http://www.stgallplan.org/de/makingtheplan.html 2013-08-17).

H. SCHIFFERS, Zur Geschichte der Heiligtumsfahrt nach Aachen und Kornelimünster sowie ihrer Riten (in: Aachen zum Jahre 1951 [= Rheinischer Verein für Denkmalpflege und Heimatschutz, 1951, S. 167–173]).

W. SCHMID, Ein Heiltumsdruck für Kornelimünster (in: Zeitschrift des Aachener Geschichtsvereins 107/108, 2005/2006, S. 149–166).

G. SCHMITZ u. a., Vorbemerkungen zu: Vita sancti Benedicti Anianensis et Indensis abbatis 2009 (http://www.rotula.de/aniane/index.htm 2013-08-24).

P. SCHOENEN, Kornelimünster (= Rheinische Kunststätten / Rheinischer Verein für Denkmalpflege und Heimatschutz), (o. O./o. J.).

H. SCHUMACHER/W. MÜLLER, Steinreiche Eifel. Herkunft, Gewinnung und Verwendung der Eifelgesteine, Koblenz 2011, S. 170–176, S. 328)

J. SEMMLER, Art. Benedikt von Aniane (in: Lexikon für Theologie und Kirche, Bd. 2, 1. Aufl., Freiburg 1958, Sp. 200f.).

J. SEMMLER, Reichsidee und kirchliche Gesetzgebung (in: Zeitschrift für Kirchengeschichte 71, 1960, S. 37–65).

J. SEMMLER, Die Beschlüsse des Aachener Konzils im Jahre 816 (in: Zeitschrift für Kirchengeschichte 74, 1963, S. 15–82).

J. SEMMLER, Benedictus II: Una regula – una consuetudo (in: Benedictine culture: 750–1050, hg. von W. LOURDAUX/D. VERHELST [= Medievalia Lovaniensia. Series I; Studia 11] Leuven 1983, S. 1–49).

J. SEMMLER, Das Erbe der karolingischen Klosterreform im 10. Jahrhundert (in: Monastische Reformen im 9. und 10. Jahrhundert [= Vorträge und Forschungen 38], hg. von R. KOTTJE / H. MAURER, Sigmaringen 1989, S. 29–77).

J. SEMMLER, Benediktinische Reform und kaiserliches Privileg. Zur Frage des institutionellen Zusammenschlusses der Klöster um Benedikt von Aniane (in: Institutionen und Geschichte. Theoretische Aspekte und mittelalterliche Befunde [= Norm und Struktur. Studien zum sozialen Wandel in Mittelalter und Neuzeit 1], hg. von G. MELVILLE, Köln 1992, S. 259–293).

J. SEMMLER/H. BACHT, Art. Benedikt von Aniane (in: Lexikon des Mittelalters, Bd. I, München 2003, Sp. 1864–1867).

B. SIMONS, Kornelimünster, Neue Benediktinerabtei (in: Die Benediktinerklöster in Nordrhein-Westfalen [= Germania Benedictina VII], St. Ottilien 1980, S. 421–427).

E. STEPHANY, Der Zusammenhang der großen Wallfahrtsorte an Rhein – Maas – Mosel (in: Achthundert Jahre Verehrung der Heiligen Drei Könige in Köln 1164–1964 [= Kölner Domblatt 23/24, 1964, S. 163–179]).

D. STRAUCH, Römische Fundstellen in Aachen (in: Zeitschrift des Aachener Geschichtsvereins 100, 1995–1996).

E. STENGEL, Die Immunitätsurkunde Ludwigs des Frommen für das Kloster Inden (in: Neues Archiv der Gesellschaft für ältere deutsche Geschichtskunde 29, 1904, S. 377ff.) (http://www.digizeitschriften.de/dms/gcs-wrapper 2012-10-14).

A. STOCK, Keine Kunst. Aspekte der Bildtheologie, Paderborn u. a. 1996.

1700 JAHRE CHRISTENTUM in Nordrhein-Westfalen. Ein Atlas zur Kirchengeschichte, hg. von E. GATZ / M. ALBERT, Regensburg 2013.

E. TEICHMANN, Zur Heiligthumsfahrt des Philipp de Vigneulles im Jahre 1510 (in: Zeitschrift des Aachener Geschichtsvereins 22, 1900, S. 121–187).

E. THYSSEN, Die Heiligtumsfahrt – Ausstellung 1909 (in: Zeitschrift des Aachener Geschichtsvereins 32, 1910, S. 242–325).

E. TREMP, Klosterbibliotheken (in: Macht des Wortes. Benediktinisches Mönchtum im Spiegel Europas, hg. von G. SITAR / M. KROKER, Regensburg 2009, S. 227–233).

VENITE ET VIDETE. Kunstgeschichtliche Dimensionen der Aachener Heiligtumsfahrt, hg. von A. GORMANS / A. MARKSCHIES, Aachen 2012.

B. K. VOLLMANN, Art. Vita (in: Lexikon des Mittelalters, Bd. VIII, München 2003, Sp. 1751f.).

H. WAGNER, Zur Notitia de servitio monasteriorum von 819 (in: Deutsches Archiv zur Erforschung des Mittelalters 1999, S. 417–438) (http://www.digizeitschriften.de/dms/img/?PPN=GDZPPN0003614962013-08-24).

J. WINANDY, L'œuvre monastique de saint Benoît d'Aniane (Mélanges bénédictins, publiés à l'occasion du XIVe centenaire de la mort de Saint-Benoît, Saint-Wandrille 1947, S. 235–258) (http://ia600304.us.archive.org/5/items/MN5061ucmf_0/MN5061ucmf_0.pdf 2012-10-10).

M. ZENDER, Räume und Schichten mittelalterlicher Heiligenverehrung in ihrer Bedeutung für die Volkskunde. Die Heiligen des mittleren Maaslandes und der Rheinlande in Kultgeschichte und Kultverbreitung, Düsseldorf 1959.

A. ZETTLER, Der St. Galler Klosterplan. Überlegungen zu seiner Herkunft und Entstehung (in: Charlemagne's Heir. New Perspectives on the reign of Louis the Pious (814–840), hg. von P. GODMAN/R. COLLINS, Oxford 1990, S. 655–687).

A. ZETTLER, Frühe Klöster im deutschen Sprachraum (in: Macht des Wortes. Benediktinisches Mönchtum im Spiegel Europas, hg. von G. SITAR/M. KROKER, Regensburg 2009, S.149–159).

Hinweis: Übersetzungen – sofern nicht zitiert oder anders vermerkt: L.S.

Anhang

1. Vita Benedicti Anianensis (gekürzte Fassung Edition/ Übersetzung Kettemann)
2. Tagebucheintrag eines Konventmitglieds 1756
3. Association Saint Benoît d'Aniane
4. Zur Entstehung des Annaaltars
5. Ablassbulle (Übersetzung) 1359
6. Kollektenbeauftragung durch Abt Heinrich von Binsfeld (Übersetzung)
7. Kurt Abel, Autoreliquie-Ostensorium
8. Texte zur Korneliusoktav
9. Texte zur Heiligtumsfahrt
10. Restaurierung der Korneliusstatue (Karen Keller)

Anhang 1

Vita Benedicti Abbatis Anianensis et Indensis auctore Ardone / Beschreibung des Lebens Benedikts, des Abtes von Aniane und Inda, verfasst von Ardo (Smaragdus).

(Gekürzter Text der Vita nach der Edition und Übersetzung von W. Kettemann / mit Zwischenüberschriften versehen.)

Walter KETTEMANN, Subsidia Anianensia: Überlieferungs- und textgeschichtliche Untersuchungen zur Geschichte Witiza-Benedikts, seines Klosters Aniane und zur sogenannten „anianischen Reform" Mit kommentierten Editionen der ‚Vita Benedicti Anianensis', ‚Notitia de servitio monasteriorum', des ‚Chronicon Moissiacense/Anianense' sowie zweier Lokaltraditionen aus Aniane 2000 (http://duepublico.uni-duisburg-essen.de/servlets/DocumentServlet?id=18245).

1. Anlass für die Abfassung der *Vita Benedicti*

Mönche aus dem Kloster Inda richten nach Benedikts Tod in einem Brief an Ardo, Mönch aus Aniane, eine Bitte (Epistola Indensium – Auszug/ Kap. 42): Wir (wünschen) Dir, unserem Magister **Ardo,** im Herrn Heil. Wir, das sind **Deidonus, Leoigildus, Bertradus** und **Desiderius,** und wir bitten Deine *caritas,* daß Du entsprechend der Dir von Gott gegebenen Weisheit über das Leben unseres Vaters **Benedikt** eine kleine Schrift verfaßt und sie uns zuschickst. Es grüßen Euch alle Brüder von uns. Und Ihr möget all Eure Brüder grüßen. Amen.

2. Ardos Antwort

Den verdientermaßen verehrungswürdigen Herren Vätern und Brüdern, die im Kloster Inden dem Herrn Jesus dienen, entbietet **Ardo,** Diener der Diener Christi, den Gruß. Schon längst, teuerste Brüder, wurde mir Euer Brief überbracht, der voll von liebevoller und frommer Erinnerung an unseren Vater Abt **Benedikt** ist, und der dessen Hinscheiden zu Christus kurz, aber liebreich beinhaltet. In diesem Brief beliebte es Euch, meine Wenigkeit aufzufordern, daß ich in ausführlicherer Form den Anfang seines Lebens als Mönch für diejenigen beschriebe, die es hören wollen. Aber ich habe das bis jetzt aufgeschoben, weil ich meinte, daß diese Bürde meine Kräfte übersteigt. Wer nämlich das Leben von Vorfahren, das aufgrund verdienstvoller Taten und Tugenden verehrungswürdig ist, scharfsichtig und engagiert aufschreibt, der soll darauf achten, daß er weder aus Nachlässigkeit Nützliches ausläßt, noch aus Dankbarkeit Überflüssiges hinzufügt […].

3. Benedikts Anfänge

Der verehrungswürdige Mann nun, (der Abt **Benedikt,)** hieß […] mit Namen **Benedictus,** er war …wegen seiner Verdienste ein Gesegneter. Er war bestimmt, aus dem Geschlecht der Geten in Gotien zu kommen und von hoher Geburt. Aber es war der Allerhöchste Gott, der ihn durch eine größere Berühmtheit in den Tugenden adelte. Benedikts Vater hatte, solange er lebte, die Grafschaft Maguelonne inne und war dem Volk der Franken mit allen Kräften zutiefst ergeben […]. Er übergab seinen vorgenannten Sohn im Kindesalter an den Hof des ruhmreichen Königs **Pippin** der Königin zur Erziehung unter den Scholaren. Benedikt machte im Hinblick auf seine intellektuelle Begabung einen reiferen Eindruck […]. Als nach dessen Tod der sehr ruhmreiche König **Karl** sich der Steuerruder des Reiches bemächtigte, schloß er sich diesem an um ihm zu dienen. Unterdessen geschah es durch göttliche Erleuchtung, daß er sich für die höchste Form der Liebe begeisterte und es ihn mit aller Macht danach drängte, die Welt zu verlassen. (Er) empfand einen Widerwillen gegen die vergängliche Ehre, die er – wie er merkte – mit Mühe würde erreichen können […]. Am Geschehen der Welt nahm er nur äußerlich, nicht innerlich Anteil. Während dieses Zeitraumes versuchte er, ob er sich zum Höhepunkt der Enthaltsamkeit aufschwingen könnte. (Er bemühte sich,) dem Körper den Schlaf zu entziehen, die Zunge im Zaum zu halten, auf das Essen zu verzichten, weniger Wein zu trinken und wie ein erfahrener Athlet sich für einen künftigen Krieg zu rüsten. Er, der bis dahin noch im weltlichen Stande verblieb, machte sich so im vorhinein auf die Dinge gefaßt, die er später, als er sich durch Gelübde verpflichtet hatte, erfüllte […].

4. Benedikts Conversio und der Aufenthalt im Kloster St. Seine.

In dem Jahr nun, da Italien der Botmäßigkeit des ruhmreichen Königs **Karl** unterworfen worden ist, (geschah es, daß) der Bruder (Benedikts) unvorsichtigerweise einen bestimmten Fluß durchschwimmen wollte (und) von den aufbrausenden Wellen weggerissen wurde. (Benedikt) erblickte vom Pferd aus die Gefährdung des Bruders und stürzte sich in die Wellen, um ihn aus der Todesgefahr zu befreien. Auf seinem Pferd schwimmend erreichte er die Hand des Bruders. Sobald er aber dessen Hand festhielt, wurde er selbst (weg)gezogen, und so entging der, der den Sterbenden herausziehen wollte, selbst mit knapper Not der Lebensgefahr. Damals verpflichtete er sich gegenüber Gott durch das Gelübde, der Welt fortan nicht mehr zu dienen. Er ging in die Heimat, eröffnete dem Vater (seine Entscheidung) jedoch nicht [...]. Und so machte Benedikt sich, nachdem alles vorbereitet war, rasch auf den Weg, wobei er so tat, als ginge er nach Aachen. Als er aber das Kloster des heiligen Sequanus betrat, hieß er die Seinen in die Heimat zurückkehren und erklärte, daß er in diesem Kloster dem Herrn Christus dienen wolle. Er suchte um die Eintrittserlaubnis nach, die er erhielt, ließ alsbald sein Haar scheren und legte das Kleid eines richtigen Mönches an. Nun aber Mönch geworden, kasteite er seinen Körper durch unglaubliches Fasten während des Zeitraumes von zwei Jahren und sechs Monaten. Seinem Fleisch war er überhaupt so feindselig gesonnen wie einem grausamen wilden Tier. Er nahm sehr wenig Nahrung zu sich, erhielt mit Brot und Wasser seinen Körper eher aufrecht, als daß er den Hunger stillte und mied den Wein wie ein unheilbringendes Gift. Wenn sich einmal sein überwältigter Geist etwas Schlaf genehmigen wollte, legte Benedikt sich auf ein einfaches Lager nieder, um zu schlafen. Bisweilen lag er auch, wenn er allzu sehr erschöpft war, auf dem Boden und schlief. Dann sollte er sogar durch den Schlaf noch müder werden [...]. Deswegen wurde er von mehreren verspottet, hingeworfen und bespuckt. Aber er war mit seiner Seele im Himmel verankert, strebte, wenn die anderen an Feiertagen feinere Kleider anlegten, nach den einfacheren und hatte sie auch vor aller Augen in Gebrauch [...]. Die Gnade der Zerknirschung war ihm durch die Großzügigkeit Gottes in solchem Maße zuteil geworden, daß er weinen (konnte), sooft er wollte. Mit Tränen und Seufzen erhielt er täglich die Furcht vor der Hölle aufrecht (und) sang in gewinnender Weise das Lied Davids: „Staub muß ich essen wie Brot, mit Tränen mische ich meinen Trank" [...]. Als der Abt ihn drängte, schonender und weniger hart mit sich selbst umzugehen, stimmte Benedikt ganz und gar nicht zu. So urteilte er auch über die Regel des heiligen Benedikt: Sie sei für Anfänger oder Schwache aufgestellt; für sich selbst strebte er danach, das (Niveau) der Anweisungen des heiligen Basilius und auch jenes der Regel des heiligen Pachomius zu erklimmen [...]. Anschließend übertrug man ihm die Aufsicht über das *cellarium*. Dort lernte er die Regel des vorgenannten Vaters auswendig, und er bemühte sich, sich mit allen Kräften nach dessen Vorschrift zu richten. Denen, die um Erlaubtes nachsuchten, ohne Verzug geben, und jenen, die in schlechter Absicht fragten, den Wunsch abschlagen. Wer Unmögliches verlangte, sollte freundlich eine ablehnende Antwort erhalten [...]. Auch der Abt begegnete ihm mit größtem Wohlwollen, denn Benedikt war zu allem nütze, sich selbst gegenüber verantwortungsbewußt, um das Heil anderer besorgt und bei der Arbeit immer pünktlich. Im Sprechen war er zurückhaltend, beim Mahnen verbindlich und er gehorchte sehr bereitwillig. Ihm nämlich hatte die göttliche Barmherzigkeit neben vielen anderen Tugenden auch Intelligenz und in geistlichen Dingen die Fähigkeit verliehen, sich gut auszudrücken. Nach Ablauf des Zeitraums von fünf Jahren und acht Monaten in den heilbringenden Angelegenheiten, schied der Abt des vorgenannten Klosters aus der Welt. Damals äußerten alle einmütig und einstimmig den Wunsch, daß **Benedikt** ihnen vorgezogen würde. Aber der sah, daß ihre (Lebensweise) der seinen nicht entsprach, und wandte sich schleunig in Richtung Heimat. Und dort erbaute er auf seines Vaters und dem eigenen Besitz [...] eine sehr kleine *cella* zum Wohnen [...].

5. Benedikt in Aniane

An diesem Ort lebte er einige Jahre unter großer Entbehrung. Tag und Nacht rief er mit Seufzen und unter Tränen die Barmherzigkeit Gottes flehentlich an, sein Vorhaben möge zu erfolgreichem Gedeihen fortschreiten [...]

Nachdem einige von Benedikts gutem Ruf gehört hatten, kamen sie zu ihm. So geschah es denn, daß der verehrungswürdige Mann **Benedikt** sich mit den Brüdern, die sich ihm zugesellt hatten, an dem schon erwähnten Orte in gottesfürchtigem monastischen Leben *(religio pia)* hervortat. Er legte denen, die es wollten, den Weg zum Heil *(celeste iter)* dar, arbeitete selbst mit, und ließ es sich angelegen sein, als erster das zu erfüllen, was zu befolgen er gemahnte. Das tat er, damit man nicht in ihm, der anderen predigte, ein schlechtes Beispiel vorfände [...]. Die Brüder wurden durch dieses zeugnishafte Beispiel *(documentum)* gestärkt und wünschten, durch größere Drangsale aufgerieben zu werden. Damals hatten die Brüder keinen Besitz, keine Weinberge, kein Vieh und keine Pferde. Nur einen Esel besaßen sie; der war ihnen eine große Hilfe, wenn sie sich irgendwohin auf den Weg machen mußten [...]. Unterdessen wuchs die Schar der Schüler nach und nach; der gute Ruf des gottesfürchtigen monastischen Lebens *(pia religio)* ging bei den Bewohnern der Umgebung allmählich von Mund zu Mund, verbreitete sich und gelangte an weit entfernt liegende Orte. Weil aber das Tal, in dem Benedikt sich zuerst niedergelassen hatte, sehr eng war, machte er sich daran, ein wenig außerhalb desselben ein Kloster *(monasterium)* neu zu erbauen [...]. Außerdem erhoben sich in dieser Gegend und im weiteren Umkreis einige gottesfürchtige Männer, die Klöster erbauten und Mönche um sich scharten. Sie schulten sich am Beispiel *(exemplum)* des heiligen Mannes, und gaben unter dem Einfluß seiner spirituellen Autorität *(magisterium)* das frühere Leben und die alten Irrtümer auf [...]. Um dieselbe Zeit brach aber eine sehr harte Hungersnot aus, und es strömten viele Arme, Witwen und Waisen zu Benedikt; die Tore des Klosters und die Straßen waren voll von ihnen. Benedikt sah sie, die vom Hunger ausgezehrt, ja sogar vom Tod bereits fast verschlungen waren, und es bedrückte ihn sehr, daß er nicht wußte, woher er die Mittel zur Ernährung so vieler nehmen sollte. Aber da denen, die Gott fürchten, ja nichts fehlt, ließ Benedikt das beiseite legen, was für die Brüder bis zur nächsten Ernte ausreichen mußte [...]. Und ich meine auch folgendes nicht verschweigen zu sollen: Als zu dieser Zeit sogar jene Provinz von der bösen Lehrmeinung des **Felicianus** befallen worden ist, ging Benedikt mit der göttlichen Hilfe im Innern aus diesem unheilbringenden häretischen Irrtum unangefochten hervor. Durch seinen Einsatz entriß er der Häresie viele, nicht nur Rangniedrige, sondern auch Prälaten der Kirche. Er ließ sich oft in den Kampf gegen die unheilvolle Lehrmeinung ein und bediente sich der Disputationen als wahrer Wurfnetze[...]. Aber der alte Feind ertrug die Einheit und das Wachstum der guten Herde kaum. Er legte es (deshalb) darauf an, die Herzen einiger zu erschüttern, um den guten Lehrer seiner Hürde Schafe zu berauben. Zwar vertrieb er mit seiner Geschicklichkeit viele aus dem Kloster, viele stürzte er in Verwirrung, aber den gerüsteten Geist vermochte er durch die Drangsale nicht zu erschüttern. Stattdessen gewann er die zuschanden gemachten, dem Untergang geweihten Kräfte. Die ihm Ergebenen stachelte er auf, befahl, (Benedikt) wirtschaftliche Verluste zuzufügen, ließ Pferde und Rinder heimlich und offen rauben. Aber Benedikt, dem Gott über alle anderen Dinge ging, ließ ohne Schmerz los, was er ohne Liebe besaß. Gewiß hat keiner je gesehen, daß er wegen etwas, das er verloren hatte, stark bewegt gewesen wäre; Kaputtgemachtes hat er nie ersetzt haben wollen, über Gestohlenes ließ er nie eine gerichtliche Untersuchung anstellen. Wenn ein Dieb ergriffen worden ist, gewährte er ihm einen Liebesdienst, im Verborgenen ließ er ihn frei, damit er nicht ergriffen würde.

6. Wunder

Und weil nun der allmächtige Gott, der alles erschaffen hat, sich zu gegebener Zeit seiner Diener bedient, um Wunder zu vollbringen, deshalb will ich kurz erzählen, welche Wunder er durch Benedikt gewirkt hat. Zu einer gewissen Zeit brach im Haus neben der Kirche der heiligen Jungfrau Maria ein Feuer aus. Doch als das Feuer bis zum trockenen Stroh emporzüngelte, liefen die bestürzten Brüder herbei und sahen, wie das Haus, das sie mit nicht geringem Aufwand erbaut hatten, von den rasch um sich greifenden Flammen verzehrt wurde. Sie setzten alles daran, daß das Feuer nicht auf die Kirche nebenan übergriff. Dorthin nämlich schlug die ganze Wucht der Flammen. Zu diesem Geschehen kam auch der Vater **Benedikt,** dem die Brüder sogleich anbefahlen, sie mit Gebeten zu unterstützen. Benedikt gehorchte eilfertig den Befehlen der Brüder und warf sich unter Tränen vor den Altar der heiligen Jungfrau und Gottesmutter Maria. Während er nun dort betete, schlug das Feuer mit der gütigen Hilfe Gottes in die entgegengesetzte Richtung um [...].

7. Ein neues Kloster

Was bis hierher über das Leben des so teuren Vaters gesagt worden ist – wie er aufgrund göttlicher Erleuchtung die Welt verließ und wie er nach Gotien übergesiedelt ist und ein Kloster neu *(de novo opere)* erbaut hat – (das) möge genügen. Jetzt wollen wir mit Christi Beistand aus dem *praeceptum* Karls im Hinblick (auf das unverkennbare [zugrundeliegende] Prinzip) darlegen, nach welchen Maßgaben er am selben Ort ein weiteres Kloster errichtet hat. Im Jahre 772 nun, dem vierzehnten aber des Königs **Karls** des Großen begann Benedikt, mit Hilfe von Herzogen und Grafen noch einmal eine andere, überaus große Kirche zu Ehren des Herrn und unseres Erlösers zu bauen, aber auch neue *(novo opere),* andere Klausurgebäude mit sehr vielen Marmorsäulen, die sich im Kreuzgang befinden. Die Häuser deckte er nicht mehr mit Stroh, sondern mit Ziegeln. Dieser Ort zeichnet sich aber durch so große Heiligkeit aus, daß jeder, der kommt und ehrlich bittet und dabei in seinem Herzen nicht unsicher ist, sondern glaubt, sofort erlangt, was er erbeten hat [...]. Es möge jeder Leser oder Hörer dieser Vita, wer auch immer er sei, wissen, daß dieses Kloster das *capud* all der Klöster ist, nicht nur derer, die in Gotien, sondern sogar auch jener, die in anderen Gegenden zu dieser Zeit und später nach den vorbildhaften Beispielen (der Klosteranlage von) Aniane *(huius)* erbaut und aus Karls *(suis illius)* Schätzen beschenkt worden sind [...].

8. Die Benediktusregel

Er gab sein ganzes Herz der Erforschung der Regel des heiligen Benedikt hin und bemühte sich eifrig, sie zu verstehen. Deshalb bereiste er Klöster, frug, was er nicht wußte, Sachkundige – gleichgültig wer sie waren –, und sammelte die Regeln aller Heiligen, die er nur finden konnte. Er unterrichtete sich auch über die nützliche Regel *(norma utilis)* und die vernünftigen Consuetudines der Klöster, und gab diese seinen Mönchen zur Beachtung weiter. Er unterrichtete Kantoren, lehrte die Lektoren, hatte Grammatiker und Fachleute für die Hl. Schrift, von denen einige später sogar Bischöfe gewesen sind. Er brachte eine Menge Bücher zusammen, sammelte wertvolle Kirchengewänder, überaus große Silberkelche und silbernes Meßgeschirr; und alles, was er für den Gottesdienst erforderlich hielt, erwarb er mit größtem Eifer. Deshalb ist er bei allen bekannt geworden und der Ruf seiner Heiligkeit drang an die Ohren des Königs und des Kaisers. Hierauf ging Benedikt im Interesse des Klosters zum ruhmreichen Kaiser **Karl.** Dem übertrug er mittels einer *carta* das Kloster in weiser Voraussicht zu eigen, damit nach seinem Tod die Zurückbleibenden keine Beeinträchtigungen von seinen Verwandten erlitten [...].

9. Benedikts Wohltätigkeit *(caritas)*

Nachdem Benedikt aber vom Kaiser mit einem großen Ehrengeschenk *(honor),* nämlich ungefähr 30 Pfund Silber, beschenkt worden war, kehrte er rasch in Frieden in sein Kloster zurück. Sobald er nun aber heimatlichen Boden erreichte, schickte er das Silber, das er mitgebracht und aufgeteilt hatte, als Geschenk der *caritas (benedictionis gratia)* an die Klöster der einzelnen. Benedikt hatte nämlich diese in unserer Zeit hervorragende und einzigartige Tugend: eine wohlwollende und gütige Gesinnung gegenüber allen und Verantwortungsgefühl für alle Klöster in Nah und Fern. Und in der Tat sah er öfter nach ihnen und wies sie in die Lebensordnung *(ordo)* des heiligmäßigen Lebens ein [...]. Einigen aber pflegte er folgendes einzuschärfen: „Wenn du die meisten Vorschriften nicht einhalten kannst und das weißt, (dann) befolge diese kurze Regel: Meide das Böse und tue das Gute."

10. Benedikts Wandlung

Von der Strenge seines anfänglichen Lebens als Mönch indes war er ein wenig abgerückt, weil er ein unmögliches Werk unternommen hatte. Sein Wollen aber blieb dasselbe. Mit denen, die pflügten, pflügte er, mit denen, die den Boden umgruben, grub er, mit den Schnittern drosch er. Jene Gegend war von der Sonnenglut versengt, der Hitzedunst kam wie aus einem Ofen hervor und war eher dazu geeignet, Feuer zu entzünden als zu wärmen. Aber trotzdem gewährte Benedikt den Seinen, die vor siedender Hitze vergingen, kaum (einmal) einen Becher Wasser vor der Essenszeit. Denn sie, die von der Arbeit ganz erschöpft und von der Hitze verbrannt waren, wollten lieber kaltes Wasser als Wein. Aber es konnte niemand über ihn murren, da er ja Ähnliches aushielt [...]. Die Schar der Mönche aber, die Gott dienten, ist so gewachsen, daß ihre Zahl dreihundert überstieg. Wegen der außerordentlichen Größe der Gemeinschaft ließ Benedikt eine so große Unterkunft *(mansio)* bauen, die tausend und mehr Menschen faßt.

11. Ludwig der Fromme und Benedikt

Der ruhmreiche **Ludwig,** damals König der Aquitanier, jetzt jedoch durch die gnädige Vorsehung Gottes erhabener Kaiser der ganzen Kirche in Europa, schätzte das heiligmäßige Leben (Benedikts), von dem er erfahren hatte, ganz besonders; seinen Rat befolgte er gern. Ihn setzte (Ludwig) sogar über alle Klöster in seinem *regnum,* damit er allen die *norma salutifera* zeigte. Es gab nämlich einige Klöster, die die kanonischen Anweisungen beachteten, die Vorschriften der Regel aber nicht kannten. (Benedikt) fügte sich (Ludwigs) Befehlen und bereiste die einzelnen Klöster nicht nur einmal, sondern mehrmals. (Dabei) legte er die Anweisungen der Regel dar und sprach mit ihnen die Regel Kapitel für Kapitel durch. Bekanntes bekräftigte er, Fremdes machte er verständlich. So geschah es durch Vorkehrung Gottes, daß fast alle in Aquitanien gelegenen Klöster die der Regel gemäße Lebensweise *(forma regularis)* übernahmen. Aber der Widersacher der Rechtschaffenen und Feind des Friedens, der die guten Taten immer mit scheelem Blick betrachtet, kam zu der Auffassung, daß es nicht gleichgültig sei, ob (Benedikt) für längere Zeit zu den Freunden des Königs zähle. Er zweifelte nicht daran, daß (Benedikt) seiner Partei Schaden zufügen würde, wenn die respektvolle Verbundenheit (zwischen Benedikt und Ludwig) fernerhin Bestand hätte [...]. (Der Teufel) bewaffnete er sich mit den Wurfspießen des Neides, um sich in verderblicher Absicht in den Kampf zu begeben. Und zwar (tat er dies so, daß) er zuerst die Geister der Kleriker anstiftete, (Benedikt) zu verleumden, dann erst stachelte er die Herzen der *milites* des königlichen Hofes auf, ja er verkehrte sogar die Gesinnung der Grafen ins Gegenteil. Und alle waren gleichermaßen von der Geißel der Mißgunst infiziert; sie (bekundeten) ihre verderbliche Gesinnung nicht nur heimlich, sondern spieen sie bereits in der Öffentlichkeit wie (giftigen) Schleim aus. Den, der beständig für ihre Seelen betete, nannten sie laut und öffentlich einen habsüchtigen Wandermönch und Usurpator fremder Besitztümer. Ihre fanatische Wut verstieg sich zu einem solchen Frevel, daß sie versuchten, den huldreichen Kaiser **Karl** gegen (Benedikt) in Harnisch zu bringen. Doch der Mann Gottes ging hierauf in dieser Sache recht ruhigen Gewissens zur Pfalz. Die Verleumdungen versetzten ihn weder in Unruhe, noch erschreckten ihn die verbrecherischen Behauptungen besonders. Als er sich aufmachte, wollten einige (das) verhindern, indem sie die Überzeugung äußerten, daß er die Heimat fernerhin nicht mehr sehen werde, wenn er dem Kaiser unter die Augen trete, denn der Zorn des Kaisers sei allzusehr gegen ihn entfacht. Er machte sich dennoch unerschrocken auf und vertraute fest auf die Barmherzigkeit Gottes. Er setzte seine Hoffnung auf den, für den er auch aus Liebe unverdrossen stritt. Wenn beschlossen werden sollte, daß er ins Exil gehen (müßte), (dann) würde (das nur) bewirken, daß er Gott um so furchtloser dienen würde. Er erzählte, daß, wenn er seines Amtes enthoben würde, um (den Klöstern) nicht (mehr) vorzustehen, er dies bis heute sich sehnlichst gewünscht habe. Und nachdem (Benedikt) dem Kaiser von Angesicht zu Angesicht gegenüberstand, war dieser durch Gottes Gerechtigkeit zu einer solchen inneren Ruhe bewogen worden, daß er (Benedikt) bei dessen Anblick innig küßte und ihm selbst den Becher reichte. Und (so) kehrte (Benedikt) mit großer Ehre zurück nach Hause, (wo doch) seine Neider meinten, er werde aus dem eigenen Land verstoßen. So fügte es die Barmherzigkeit Gottes, daß jene (Leute) (Benedikt) priesen, die gleichzeitig versuchten, ihn zu verleumden; und daß sie ihn nicht nur gegenüber den Geringsten, sondern auch gegenüber den Großen als verehrungswürdig hinstellten, den sie durch Lügen verhaßt machen wollten.

12. Gründung des Indaklosters

Als nach dem Tod des so huldreichen Kaisers **Karl** dessen Sohn **Ludwig,** der König der Aquitanier, die Sorge für das Reich übernommen hatte, forderte er Benedikt auf, in die Francia zu kommen. Im Elsaß wies er (ihm) das Kloster Maursmünster zu, wo Benedikt mehrere der Anhänger seiner Lebensweise aus dem Kloster Aniane versammelte. Und weil der vorgenannte Ort ein großes Stück vom Palast entfernt liegt, und Benedikt, wenn er gerufen wurde, sich nicht in angemessener Zeit einfinden konnte, und (nicht zuletzt) weil der Kaiser ihn in vielen Angelegenheiten brauchte, faßte der Kaiser den Beschluß, nicht weit von der Pfalz entfernt Vorkehrungen für einen Ort zu treffen, der ihm selbst angemessen wäre,(und) an welchem er zusammen mit (einigen) wenigen (Gefolgsleuten) Ruhe finden könnte. Und so kam Benedikt, nachdem den in Maursmünster lebenden Brüdern ein Abt vorgesetzt worden war, zusammen mit einigen (Mönchen) herbei, um dem Willen des Kaisers zu entsprechen. Das Tal indes war in der Nähe (und) lag, wie ich glaube, nicht mehr als sechs Meilen von der Pfalz entfernt. Es gefiel den Augen des Gottesmannes. Und dort ließ der Kaiser ein wunderbares *(miro opere)* Kloster bauen, das in Anlehnung an den Namen des Baches in diesem Tal Inden heißt. Bei der Weihe der Kirche nun war der Kaiser zugegen und stattete sie aus seinen *fisci* aufs reichlichste aus. Er erließ eine *munitas* und setzte urkundlich fest, daß ebendort ständig dreißig gottgefällige und dem Herrn Christus dienende Mönche weilen sollten. Eben damit die Zahl erreicht würde, ließ der verehrungswürdige Abt ausgesuchte Brüder aus berühmten Klöstern kommen, damit er sie durch sein Beispiel unterrichtete, und sie anderen zu einem *documentum salutis* würden. Darauf sollten an ihre Stelle solche aus derselben Provinz abgeordnet werden, die nach Eingebung der göttlichen Gnade und Zurücklassung des weltlichen Glanzes dem ewigen König dienen wollten. Darauf aber durchschritt der Mann Gottes oft die Tore der Pfalz, um das hektische Treiben (dort), das er einst hinter sich gelassen, um des Nutzens für die Vielen auf sich zu nehmen [...]. Denn es waren sehr viele, die ihn wegen der Regierung des Reiches, der Verwaltung der Provinzen und in ihren eigenen Angelegenheiten um Rat fragten. Überhaupt litt keiner aufgrund des Elends der Bedrückten so mit, und keiner legte dem König die Not der Mönche so dar wie er. Er war ja überhaupt der Anwalt der Benachteiligten, aber auch der Vater der Mönche; Tröster der Armen, aber auch der Mönche Lehrer. Er reichte den Reichen die Speise des Lebens, aber er schärfte auch dem Verstand der Mönche die Disziplin der Regel *(disciplina regularis)* ein [...].

13. Einsatz für die Regula Benedicti

Ihn nun stellte der Kaiser allen Klöstern in seinem Reich voran, damit er, so wie er Aquitanien und Gotien in der *norma salutis* unterrichtet hatte, auch die Francia mit seinem heilbringenden Beispiel vertraut machte. Es gab ja überhaupt viele Klöster, die einst der Regel gemäß eingerichtet worden waren; aber als die Strenge allmählich nachgelassen hatte, war die der Regel gemäße Lebensordnung *(ordo regularis)* fast zugrunde gegangen. Damit aber, wie es eine *professio* für alle gab, auch eine (einzige) heilbringende Consuetudo entstünde, leitete er, nachdem auf Befehl des Kaisers die Väter der Klöster zusammen mit ziemlich vielen Mönchen versammelt waren, über mehrere Tage eine Tagung. Nachdem also alle zugleich anwesend waren, erörterte (Benedikt) die Regel ganz von vorn, bereinigte bei allen Teilnehmern die Unklarheiten (hinsichtlich der Regel) und die Dinge, über die Zweifel bestanden, stellte er klar. Frühere Irrtümer beseitigte er, die nützlichen Consuetudines und Empfindungen bestätigte er. Nachdem also die Entscheidungen der Regel und die vielen offenen Fragen zum nützlichen Ende gebracht worden waren, hat er die Consuetudines, zu denen die Regel nicht recht Auskunft gibt, dargelegt und sie mit Zustimmung aller herausgebracht. Von diesen (Consuetudines) übergab er auch noch ein *institutum capitulare* dem Kaiser zur Bestätigung, damit er allen in seinem Reich gelegenen Klöstern vorschriebe, es einzuhalten. Auf dieses (Schriftstück) verweisen wir den wißbegierigen Leser. Diesem Schriftstück gab der Kaiser sogleich seine Zustimmung und legte für jedes einzelne Kloster Inspektoren fest; sie sollten untersuchen, ob das, was vorgeschrieben worden war, beachtet würde; auch sollten sie die *forma salubris* denen überbringen, die von ihr noch keine Kenntnis hatten. So wurde nun das Werk mit dem Beistand der göttlichen Barmherzigkeit zu einem erfolgreichen Ende geführt, und alle beachten die allgemein festgelegte Regel. So sind (nun) alle Klöster zur *forma unitatis* zurückgeführt, wie wenn sie an einem Ort und von einem Lehrer unterwiesen wurden. Es wurde ein einheitliches Maß vermittelt, das im Trinken, im Essen, bei den Vigilien und in der Liturgie eingehalten werden muß. Und weil er die Regel (als Norm) aufgerichtet hat, damit sie von den anderen Klöstern eingehalten würde, unterrichtete er die Seinen durch die in Inden lebenden Mönche in jedem Vorhaben so, daß die aus verschiedenen Gegenden ankommenden Mönche, um unterrichtet zu werden, nicht, wenn ich so sagen darf, auf große Worte angewiesen waren. Denn sie erblickten (ja gerade) in den Sitten, im Auftreten und im mönchsgemäßen Lebenswandel der Einzelnen ein Abbild der regularen *forma* und *disciplina*... Wegen der unbedachten Leidenschaft der meisten, der unangebrachten Lauheit gewisser (anderer) und wegen des schwachen Verstandes der weniger Intelligenten bestimmte er auch die Schranken und gab allen eine Ordnung, die sie beachten sollten. (Er tat dies,) indem er jene bremste, damit sie nicht nach überflüssigen Dingen strebten, und diesen gebot, die Lethargie abzuschütteln. Die anderen mahnte er indes, daß sie wenigstens danach strebten, die Dinge, die sie gesehen haben, zu erfüllen. Nun befiehlt die Regel, vieles zu erfüllen, aber es sind (nun einmal) sehr viele Dinge, die zu erfüllen die tägliche Praxis erfordert. Die Regel selbst schweigt jedoch über all die Dinge, mit welchen die Lebensweise des Mönches wie mit Gemmen geschmückt wird, und ohne die die Lebensweise des Mönches sich als gleichgültig, charakterschwach und undiszipliniert erweist. Andererseits schreibt die Regel einige Dinge vor, die entweder um der Einheit willen oder doch wenigstens wegen der Wahrung des gemeinen Interesses und mit Rücksicht auf die körperliche Gebrechlichkeit weggelassen werden. Deswegen brachte der frommen Eingedenkens ehrwürdige Abt genau in Erfahrung, was eingehalten werden muß; und er ordnete an, daß das ohne jegliches Zaudern und ohne eine verstellende Entschuldigung zu erfüllen sei. Hinsichtlich der Dinge aber, von denen (Benedikt) wußte, daß sie aus bestimmten Gründen aufgegeben werden müssen oder bei denen er die Veränderungsbedürftigkeit erkannte, vermochte er ebensogut so zu entscheiden, wie es richtiger ist und den Möglichkeiten und der Lage des Ortes entspricht. Das übergab er dann seinen Schülern zur Befolgung. Wenn allerdings irgendeine Seite der Regel sich weniger klar äußerte oder überhaupt schwieg, dann lehrte und ergänzte er diese Dinge vernünftig und sachgemäß. Von (letzteren) will ich mit Unterstützung der Kraft Gottes einige ansprechen.

Bevor nun das Zeichen zu den nächtlichen Horen geschlagen wird, ordnete er an, im Schlafraum der Brüder die Klingel zu schlagen, damit die Mönche, nachdem sie durch Gebete gestärkt sind, sich zuerst auf ihre Plätze setzten; darauf erst sollten die Kirchentüren geöffnet und den Gästen Einlaß gewährt werden [...]. Er wollte, daß man im Sommer nach Beendigung des morgendlichen Offiziums die Kirche rasch verlasse, um der Schläfrigkeit nicht nachzugeben. Mit Schuhen und gewaschenen Gesichtern soll man (dann) schleunig von neuem in die Kirche gehen [...]. Nach der Komplet indes, (so) ordnete (Benedikt) an, soll keiner nach eigenem Belieben entweder hinausgehen oder im Betraum verweilen; man soll vielmehr im Winter erst zehn Psalmen singen, im Sommer aber fünf [...]. Weil es nötig ist, gewährte er neben dem, was die Regel anordnet, noch Folgendes: zwei halbwollene Hemden *(stamineae)* und zwei knielange Hosen *(femoralia)*, zwei Kleidungsstücke aus Fell *(pellicia)* und Decken aus demselben Material, zwei Mäntel und was er sonst noch für notwendig erachtete. Das gewährte er (zusätzlich), um jeden Irrweg einer plausiblen Ausrede zu beschneiden.

Auch erklärte er dem Kaiser durch eine Schrift die Vernunftgründe (einerseits) für die Dinge, welche die Regel (zwar) anordnet, die aber aus bestimmten Gründen unberücksichtigt bleiben, und (andererseits) für jene Dinge, welche die Regel völlig übergeht, die aber zweckdienlicherweise ergänzt werden [...]. Außerdem stellte er ein Buch aus den Regeln der verschiedenen Mönchsväter zusammen. (Das tat er so,) daß die Regel des heiligen Benedikt vor allen anderen stand. Er wollte, daß dieses Buch immer zur morgendlichen Schriftlesung gelesen würde. Aus diesem Buch verfaßte er noch einmal ein anderes Buch, indem er die (einzelnen) Sätze der Regeln zusammenstellte, und gab ihm den Namen *Concordia regularum*. (Das tat er,) um den Streitsüchtigen zu zeigen, daß vom heiligen Benedikt nichts Wertloses und Eitles vorgebracht worden sei, sondern daß seine Regel in den Regeln anderer eine Stütze finde. Das sah nun praktisch so aus, daß der Satz des heiligen Benedikt voranstand, und ihm dann vernünftigerweise die entsprechenden Sätze (der anderen Regeln) angefügt wurden. Ebensowohl stellte er aus den Homilien der heiligen Kirchenväter, die zur Ermahnung der Mönche vorgetragen worden sind, ein weiteres Buch zusammen, und ordnete an, daß es immer bei der abendlichen Schriftlesung gelesen würde.

14. Lebensende Benedikts

Was sich aber mit Zustimmung Gottes ereignete, als Benedikt sich auf Geheiß des Kaisers zur Reichsversammlung begab, meine ich nicht verschweigen zu sollen. Obwohl er durch Krankheit und sehr starke Fieberanfälle geschwächt war, hatte er das Rüstzeug der *caritas* angelegt und war bereit, die Sache vieler zum Erfolg zu bringen. So leistete er denn den Befehlen des Königs Folge und machte sich auf den Weg [...]. Danach wurde er von recht verschiedenen Krankheiten hart mitgenommen, und (doch) rüstete er seinen schwächlichen Körper, der über viele Jahre hinweg durch ununterbrochene Nachtwachen, ausgiebiges Weinen, sehr strenge Fasten, schweres Arbeiten und Meditationen ausgelaugt war, für einen neuen Kampf. Nachdem er die moralischen Schwächen niedergerungen und so den Gipfel der Tugenden erreicht hatte, umgürtete er sich mit den Waffen der Geduld, um (nun) mit den Krankheiten ehrenhaft zu ringen. (Das tat er,) damit er nach Überwindung der Feinde von seinem König die doppelte Siegespalme erhielte. Je stärker ihn nämlich die Krankheit befiel, desto eifriger verharrte er immer mehr in Gebeten wie in Lesungen. Niemand fand ihn je müßig, niemand je verdrießlich beim Gottesdienst, niemand traf ihn je bei eitel wertlosen Gesprächen an. Entweder widmete er sich nämlich alleine der Lesung, oder er hörte einem Vorleser aufmerksam zu. Wer traf ihn je anders denn weinend an? Wer, der plötzlich bei ihm eintrat, hätte gesehen, daß seine Wangen trocken waren, und daß er nicht vorwärts geneigt war, oder flach auf dem Boden lag, oder die Hände zum Himmel erhoben hatte? Oder wer hätte nicht gesehen, daß von seinen Tränen ein Blatt der heiligen Schrift benetzt wurde? Die fleischlichen Kräfte nahmen ab, aber die geistige Spannkraft blieb härter als Stahl. Den Verzehr des Fleisches von Vierfüßlern lehnte er seit dem Tag seiner Conversio ab. Obwohl er in der letzten Zeit vor seinem Tode sehr abgespannt und ausgezehrt war, gestattete er sich kaum einmal ein Bad. Seine Kleidung pflegte er erst nach vierzig oder mehr Tagen zu wechseln. Indes wollte er, daß man vor ihm aus den *Vitae Patrum* las. Durch diese Lektüre wurde sein Geist wieder wachgerufen und harrte um so unverzagter aus. O guter Jesus, das vor Seufzen und Weinen überquellende Herz ist so bewegt und sehnt sich danach zu sterben und zu Christus zu kommen. Dennoch ist es bereit, die Mühsal zu ertragen, wenn es für die Brüder notwendig wäre.

Als aber die Krankheit stärker wurde, sprach er dem Kaiser freundschaftlich Mut zu und wurde ins Kloster weggebracht. Er sagte den Brüdern Lebewohl und verbrachte die ganze Nacht unter Gebeten und Psalmgesängen. Das Regeloffizium dieses Tages konnte er zu Ende bringen. Und als er am folgenden Tag dem Regeloffizium Genüge tat und den *cursus* [psalmorum der einzelnen Gebetszeiten] verrichten wollte, kam er bis zum Vers „Gerecht bist du, Herr“. Indem er diesen Vers sang, sagte er, „Ich sterbe“, und fügte hinzu: „Mach mit deinem Knecht, Herr, nach deiner Gerechtigkeit“. Und so gab er unter Worten des Gebets seinen tugendgeschmückten Geist auf.

15. Abschiedsbrief Benedikts an Abt Georg und den Konvent von Aniane

Benedikt, der geringste aller Äbte, der selbst kurz vor dem Tode steht, wünscht dem Abt **Georg** des Klosters Aniane, dem im Herrn Christus besonderes Glück und Gelingen zuteil ist, und all unseren Brüdern und Söhnen, die die Regel unseres Vaters Benedikt wohl beachten, Heil. Über allen Dingen nun, die mein Herz bewegen und die vor allem meine Sorge erheischen, steht, daß ich wegen Eures Standes hinsichtlich des Lebens nach der Regel äußerst beunruhigt bin. Natürlich übersehe ich keineswegs, daß Ihr Euch ehrbar abmüht, und daß Ihr Euch unserer sehr treu erinnert, auch, daß Ihr keines mahnenden Wortes bedürft. Doch da ich am Ende meines Lebens stehe und nicht weiß, ob ich mich (noch) um Euch kümmern kann, habe ich Euch mein Herz in Liebe zugewendet und Wert darauf gelegt, Euch einige Worte sowohl durch Freunde wie auch schriftlich zukommen zu lassen. Ihr wißt ja selbst, wie ich in meiner Sorge um Euch mit all meinen Kräften (Euch) Beispiele des Lebens wie der Aufmunterung vorgeführt habe, solange ich es konnte. Nun also bitte ich den Sohn Gottes und gebe bei Gott selbst meinen letzten Willen kund, daß Ihr im Band der Liebe (caritas) einmütig und weise sein möget [...]. Wenn, wie man sieht, viele lange Zeit verderbte Klöster durch uns aufgrund von Gottes Großmut bereits etwas Besserung erfahren haben, so kümmert jetzt Ihr Euch in jeder Hinsicht darum, daß sie zu keiner Zeit einen falschen Weg einschlagen können, was aber – ich bitte Dich, barmherziger Herr – fern sei. Dem Kloster Inda aber und seinen trefflichen Brüdern bleibt verbunden [...]. Ich teile Euch (das) jetzt auf diese Art und Weise mit, weil ich nicht weiß, ob ich Euch in dieser Welt (noch) sehen werde. Denn am siebten Tag vor den Iden des Februar wurde ich mit Christi barmherziger Einwilligung von einem sehr harten Schlag getroffen, und erwarte jetzt nichts anderes mehr als den letzten Tag meiner Abberufung. Dies befahl der bis dahin noch lebende Herr **Benedikt** am vierten Tag vor den Iden des Februar zu schreiben und verstarb am dritten Tag vor den Iden desselben Monats. Es endet der Brief.

Anhang 2

Tagebucheintrag eines Konventmitglieds der Abtei Kornelimünster 1756 (ausgewählt ist der Monat Dezember 1756)

„Im Monat Dezember

2. Am Nachmittag gab Herr Brawertz eine Abendtafel (zwischen Vesper und Komplet / vermutlich ein Weltgeistlicher aus Kornelimünster)
5. (Vorabend Nikolaus) Nach dem Abendessen stellen die Chorknaben vor die Tür jedes Herrn Schuhe, die aus Papier geschnitten waren, und jeder pflegt von einem bestimmten Herrn mindestens zwei Mark zu erhalten.

(6…)

17. Es begann unser Adventfasten, das bis Weihnachten dauerte.
28. (Tag der unschuldigen Kinder) Nach der Messe erhält der Jüngste von allen das Kreuz des Abtes und wird den ganzen Tag über Abt genannt aus Gründen der ehrenvollen Erholung und eines ehrenhaften Trinkens, das bis zur achten oder neunten Stunde abends dauerte, wo dann sowohl der Scherz als auch der Vorsitz als auch das Trinken beendet werden. In diesem Jahr war de Waes der besagte Abt…
31. Wir haben in der Abtei gespeist."

Ein Teil des Tagebuchs hat zeitgeschichtliche Bedeutung: Berichtet wird darin von einem Erdbeben, das sich damals im Aachener Raum ereignete.
(PAULS 1908, S. 472)

Anhang 3

Association Saint Benoît d'Aniane

„Die hervorragenden Eigenschaften Benedikts (Les qualités de Benoît):

- Vollkommenes Vertrauen gegenüber Gott
- Geist des Schweigens und der Kontemplation
- Demut
- Ihm anvertraute Aufgaben hat er sofort und genau erledigt
- Weigerung Macht auszuüben
- Brüderlicher Geist: Als junger Mönch nimmt er die undankbarsten Aufgaben auf sich, als älterer beteiligt er sich weiterhin an allen Aufgaben und hilft denen, die seiner bedürfen…
- Geduld
- Vergebung
- Weigerung über andere zu urteilen
- Während einer Hungersnot teilt er selbst das Notwendige mit den Armen, die an die Tore des Klosters kommen.
- Er hat die Gabe, den Frieden zwischen denen, die zu ihm kommen, wieder herzustellen.
- Darüber hinaus hat er ein starkes Empfinden für die Menschwerdung.
- In jedem anderen unter uns sieht er Gott anwesend, der mit uns unterwegs ist […]. Weil er das Angesicht des Herrn in jedem erkennt, weigert er sich, ihn auch immer zu belasten. Als er eines Tages einem Reiter begegnete, der zum Kloster kam, zog er es eher vor zu schweigen als ihn in Verwirrung zu bringen".

(Association Saint Benoît d'Aniane in Aniane, Frankreich: Text in der Kirche St. Sauveur)

Anhang 4

Zur Entstehung des Annaaltares in Kornelimünster

Nach den Aufzeichnungen des Franziskaners und Dürener Lokalhistorikers aus dem 17. Jh. Jakob Polius hatten Stiftung und Erstellung des Annaaltares folgende Vorgeschichte: Ein aus Kornelimünster stammender Steinmetz mit Namen Leonhard entwendete während der Arbeit in der Mainzer Stiftskirche St. Stephan um 1500 die dort verehrte Reliquie der hl. Anna, das Fragment einer menschlichen Hirnschale, und brachte sie nach Kornelimünster. Die Mutter Leonhards veranlasste dann ihren Sohn, die Reliquie wieder zurückzuerstatten. Der damalige Abt Heinrich von Binsfeld ließ zur Erinnerung an den kurzen Aufenthalt der Annareliquie einen Schnitzaltar in der Abtei anfertigen. Eine Mainzer Gesandtschaft kam dann in Düren in den Besitz der Reliquie, wohin sie Leonhard gebracht hatte. In Düren aber habe „die Bevölkerung den Verbleib des Annahauptes in Düren erzwungen", wo es in der damaligen Martinskirche aufbewahrt wurde. Die Angelegenheit beschäftigte Kaiser Maximilian I. und Papst Julius II. Letzterer entschied 1506, dass die Reliquie in Düren bleiben sollte. Urkundlich belegt ist der Umstand, dass mit dem Besitz der Reliquie finanzielle Interessen der neuen Besitzer in Düren verbunden waren. Unabhängig davon ist gleichermaßen gewiss, dass mit der Präsenz des Annahauptes in Düren eine breite Volksbewegung zugunsten der Verehrung der Heiligen entstand. Nicht zuletzt ist dies belegt durch das „Gedenkbuch" des Franzosen Philipp von Vigneulles (Teichmann), der ins Rheinland pilgerte und dabei Maastricht, Aachen, Kornelimünster, Düren und Köln innerhalb kürzester Zeit während einer Reise aufsuchte. In Düren übernahm man den Zeigeritus bei der Reliquienverehrung und passte sich an den Siebenjahresrhythmus der Aachener Heiligtumsfahrt an (vgl. GATZ 1972).

Anhang 5

Papst Innozenz VI. gesteht der Kirche des Klosters St. Cornelius in Inda Ablässe zu.

Innozenz VI. allen Christen, die vorliegende Urkunde sehen werden, Heil etc. Der Glanz väterlichen Ruhms ... Wünschend also, dass die Kirche des Klosters des hl. Cornelius in Inda vom Benediktinerorden in der Diözese Köln, in der, wie versichert wird, das Grabtuch, in dem der Leib unseres Herrn Jesu Christi begraben wurde, nachdem er vom Kreuz abgenommen worden ist, und das Leintuch, mit dem derselbe, unser Herr, bei seinem Abendmahl die Füße seiner Jünger umwickelte, und das Haupt und der rechte Arm des hl. Cornelius selbst und viele andere Reliquien der Heiligen bekanntlich sind, deretwegen zu demselben Kloster aus verschiedensten Teilen der Welt und vor allem alle sieben Jahre, wenn dort die Reliquien selbst gezeigt werden, und auch in jedem einzelnen Jahr, natürlich an den 16. Kalenden des August (17. Juli), eine große Menschenmenge zusammen kommt, mit gebührenden Ehrerweisungen häufig(er) besucht wird und dass die Christen umso lieber zu derselben zum Zweck der Verehrung kommen, umso reichlicher sie sich dort durch das Geschenk der himmlischen Gnade erquickt/gekräftigt wahrnehmen, erlassen wir barmherzig durch die Gunst des allmächtigen Gottes und im Vertrauen auf die Vollmacht seiner hl. Apostel Petrus und Paulus, allen wahrhaft Bereuenden und Gebeichtet-Habenden, die an den Tagen der Geburt, der Auferstehung desselben Herrn und Pfingsten, (am Tag) der hl. Dreifaltigkeit, an jedem einzelnen der vier Hauptfeste der hl. Jungfrau Maria, (am Tag) des Geburtstags Johannes' des Täufers, (an den Tagen) der Festlichkeiten des genannten hl. Cornelius und der Weihe der Kirche desselben und (am Tag) derselben 16. Kalenden des August, dieselbe Kirche andächtig besuchen werden, alljährlich ein Jahr und 40 Tage von den ihnen auferlegten Bußen, natürlich an jedem einzelnen der vorgenannten Tage, an denen sie dieselbe Kirche besuchen werden, wie dargelegt wird/worden ist. Gegeben in Villeneuve in der Diözese Avignon an den 4. Nonen des August im 7. Jahr (1359 August 2).
(Übersetzung M. Gussone)

Anhang 6

Kollektenbeauftragung durch Abt Heinrich von Binsfeld (1517)

Allen und jedem einzelnen Getreuen Christi/Christen, die vorliegende Urkunde sehen und hören werden, [wünscht] Heinrich von Binsfeld, durch Gottes Geduld/mit Duldung Gottes Abt des königlichen Klosters des hl. Cornelius in Inda vom Benediktinerorden, Diözese Köln, ewiges Heil im Herrn und die Wahrheit des unten Geschriebenen zu erkennen.

Wir machen bekannt, dass unser Kloster selbst, das bekanntlich von Beginn seiner Einrichtung durch die göttlichen Kaiser der Römer, den hl. Karl den Großen und seinen Sohn Ludwig mit dem Beinamen der Fromme, wunderbar zu Ehren unseres Erlösers und der unten genannten Märtyrer eingeweiht und errichtet, gegründet und großzügigst ausgestattet wurde, [und dass] sie für das Heil des ganzen Römischen Reiches und der Reichsteile Alemannien und Germanien die Reliquien unseres Klosters zusammen mit den würdigsten, unten aufzuführenden Märtyrern, den Patronen desselben unseres Klosters, nachdem sie sie aus verschiedenen Gegenden der Welt arbeitsam und eifrig gesammelt und versammelt hatten, in dasselbe unser Kloster überführt und dort wieder bestattet haben: Vor allem die verehrungswürdigen Leiber des heiligsten Papstes und Märtyrers, des würdigsten Marschalls Cornelius, und der heiligsten Bischöfe und Märtyrer Cyprianus und Dalmatius zusammen mit den Reliquien des heiligsten Hermes, des wunderbaren Märtyrers, und vieler anderer Heiliger haben sie im Hochaltar unseres Klosters, damit sie von vielen Getreuen Christi mit nötiger Ehrfurcht und würdigen Huldigungen verehrt werden, ehrenhaft beigesetzt. Von allen diesen werden am heutigen Tag nur das vollständige heiligste Haupt des heiligsten Cornelius und sein rechter Arm, nachdem sie einzeln in silberne, geschmiedete Behältnisse und Kästen eingeschlossen worden sind, öffentlich gezeigt, dazu werden ehrenvoll bewahrt auch das Schweißtuch, mit dem das hochehrwürdige Antlitz unseres Herrn Jesus Christus im heiligen Grab bedeckt worden ist, und das Leintuch, mit dem derselbe unser Herr beim Abendmahl die Füße seiner Jünger abgetrocknet hat und in dem Flecken/Abdrücke der Füße des Juda am [= bis zum] heutigen Tag erscheinen, zugleich auch das Grabtuch, in dem derselbe Leib des Herrn, als er vom hl. Kreuz abgenommen wurde, in dem genannten Grab eingewickelt wurde. Und weil die Pilger, während sie aus entfernten und verschiedenen Teilen der Welt denselben heiligen Cornelius, unseren Patron, in demselben unserem Kloster besuchen und ihn mit ihren Gelübden und Almosen ehren, nicht wenig von Tag zu Tag Gnade zu erlangen scheinen und heilsame Erleichterung der Fallsucht empfangen und unser Patron selbst durch viele Wunder täglich in demselben unserem Kloster glänzt, und weil viele Getreue Christi/Christen, die den genannten hl. Cornelius, unseren Patron, mit ihren Almosen und Gelübden zu ehren wünschen, am wenigsten durch viele im Wege stehende Hindernisse denselben und unser Kloster persönlich zu besuchen und ihre Zuneigung/ihr Streben zu erfüllen/durchzuführen vermögen, pflegen wir daher aus besonderer päpstlicher Gnade, so wie es auch unsere Vorgänger pflegten, getreue Unterhändler [eigentlich: Kaufmänner, Händler] unseres Klosters von hier nach allen Seiten zu verschiedenen Orten zu schicken, um derartige Almosen zu sammeln.

Wir also, weil wir für den Vorteil des genannten unseres Klosters in dieser Hinsicht sorgen wollen und weil wir auf die Treue der uns teuren Kleriker der Diözese Lüttich, Anthonius von Born und Everardus von Wonteringen, zum Herrn vertrauen, haben wir gemacht und bestimmt, abgeordnet und feierlich eingesetzt und machen, bestimmen, setzen ein und ordnen ab dieselben, Anthonius und Everardus, obwohl abwesend, in den Diözesen Tournai, Thérouanne, Cambrai und Arras zu unseren und des genannten

Klosters wahren, sicheren, rechtmäßigen und unzweifelhaften Stellvertretern, Unterhändlern, Handelnden und Vertretern der unten beschriebenen Almosensammlungen und Geschäfte des genannten Klosters und speziellen und allgemeinen Abgesandten – dennoch so, dass das Spezielle dem Allgemeinen nicht[s] entzieht und auch nicht umgekehrt –, indem wir denselben, Anthonius und Everardus, unseren Bevollmächtigten und Unterhändlern, volle Gewalt geben und zugestehen, einen anderen oder andere Bevollmächtigte und Vertraute in genannten Diözesen und Orten, die uns und unserem Kloster treu sind, einzusetzen – wenn es nötig sein sollte – die dieselbe und ähnliche Gewalt hinsichtlich des unten Beschriebenen haben, [und] den oder die derartig Eingesetzten zu entlassen/widerrufen und die Last der Ersatzleute wieder soweit auf sich zu ziehen, wie es günstig sein wird, und Urkunden bezüglich der derartigen Almosensammlungen zu erbitten und zu erlangen von denen, die es betrifft, und zu verkünden und auszudrücken in den genannten Diözesen und Orten die Wunder und großen und leuchtenden Wohltaten der Verdienste des vorgenannten ruhmreichsten Märtyrers, des hl. Cornelius, zum Trost und größerer Verehrung der Gläubigen und zum Ringsherumtragen der wahren Reliquien des genannten ruhmreichen Märtyrers, die ihnen von dem genannten unserem Kloster übertragen und zugestanden worden sind, und schließlich um die Almosen von den Getreuen Christi in deren Kirchen zu erlangen, erbitten und sammeln sowie zu empfangen zu Ehren Gottes, unseres Retters, und desselben Mutter, der Jungfrau Maria, und des vorgenannten ruhmreichsten Märtyrers, zum Nutzen, Vorteil und der Erhaltung des Bauwerks und der Beleuchtung, der Gewänder und der heiligen Gefäße unseres genannten Klosters des hl. Cornelius und zur Kräftigung/Speisung der Menge der Armen und der Gebrechlichen und [derjenigen, die] an der unseligen epileptischen Krankheit, die auch Fallsucht und Krankheit des hl. Cornelius genannt wird, [leiden], der Bedrücker der Menschen beiderlei Geschlechts, die von Tag zu Tag in unserem Kloster aus entfernten Regionen und aus benachbarten Orten von weit und breit zusammenströmen, schließlich um die Herberge für die dahin kommenden Pilger zu erhalten, welche [= die Almosen] durch dieselben Getreuen Christi zu spenden sind, und uns sind dieselben [= die Almosen] ferner treu und ohne List und Betrug in schuldiger Weise und sorgfältig zu überreichen und über dieselben die schuldige und gerechte Rechnung oder Rechenschaft uns zu geben, indem sie gültig und wohlgefällig und fest halten und halten werden, was auch immer die Stellvertreter des genannten Klosters oder die von denselben Eingesetzten auf die Art, wie vorgestellt ist, in Bezug auf das Vorbeschriebene zu tun bedürfen und bestimmt/veranlasst haben, wobei die Rechte und Privilegien, die unserem vorgenannten Kloster und uns darüber ausgestellt worden sind, wie gezeigt wird/wurde, und auch die Gewohnheiten, die gemäß dem Vorausgeschickten bis jetzt beachtet wurden, immer ausgenommen sind. Deshalb bitten wir Euch, alle Getreuen Christi, Richter, geistliche und weltliche Personen, die innerhalb der Grenzen der genannten Diözesen eingesetzt sind, unterwürfig, dass ihr um der göttlichen Frömmigkeit willen und wegen der Verehrung der Heiligen, Cornelius, der Märtyrer Cyprianus und Hermes, der Patrone des genannten unseres Klosters, unsere vorgenannten Bevollmächtigten und deren Stellvertreter, wenn sie zu Euch kommen, die Almosen der Christen zu erbitten, in aufrichtiger Nächstenliebe im Herrn behandelt, um dasselbe mit aller Sorgfalt zu befördern und vor jedem Angriff der Verruchten zu verteidigen.

Allen aber und jedem einzelnen Wohltäter, der seine helfenden Hände zu dem genannten Werk und Geschäft ausstreckt, verleihen wir die volle spezielle Teilhabe an allen Messen, Gebeten, Fasten, Nachtwachen/Vigilien, Enthaltsamkeiten und der übrigen guten Werke in unserem vorgenannten Konvent und Kloster, die mit Gottes Hilfe zu tun sind, wobei die Urkunde vorliegenden Beschlusses (und) Vollmachtserteilung über sechs Jahre hinaus, die unmittelbar und ununterbrochen nach dem Datum des Vorbeschriebenen folgen, keinesfalls gültig und dauerhaft sein wird. Zum Glauben und Zeugnis aller dieser und jeder einzigen vorbeschriebenen Sache haben wir veranlasst, unserer vorliegenden Urkunde das Siegel unserer Abtwürde anzuhängen. Gegeben im Jahr seit der Geburt des Herrn 1517, am Tag selbst der Himmelfahrt der heiligsten Gottesmutter.

(Zitiert nach PAULS 1891, S. 172–174 / Übersetzung: M. Gussone)

Anhang 7

Kurt Abel, Autoreliquie-Ostensorium

Der Künstler Kurt Abel hat 2006 in Düren zwischen der Kirche St. Marien und dem Leopold-Hoesch-Museum ein Kunstwerk installiert, das er „Autoreliquie-Ostensorium“ nennt: Es zeigt ein rotes Auto in einer Plexiglasbox.

Das ausgestellte Auto wird vom Künstler als „Ostensorium“ bezeichnet: Das Auto hat in der Moderne „die kultischen Qualitäten der Reliquienverehrung übernommen“; Abel nennt es ein „Fetischobjekt“. Objekt religiöser Verehrung im Mittelalter waren die Knochen von Heiligen, Objekt von Verehrung in der Neuzeit ist das Auto. Diese Verehrung wird „beim Automobil nun global – ein zentraler Bestandteil des rituellen Lebens. Dem Auto selbst wird in der säkularisierten technisierten Welt eine Identifikationsbedeutung zuteil, wie sie nur Heilige besaßen.“ „Das Auto ist ein modernes religiöses Objekt, ein Fetisch. Deshalb erhalten in der heutigen säkularisierten und insbesondere fetischisierten Welt die Automobile eine religiöse Aura. Diese Produktidentität füllt das religiöse Bedürfnis der Neuzeit aus. Neuwagen werden auf Messen präsentiert. Diese Art der Inszenierung der Autos durch Messen, Eventdesign wie auch Photo- und Pressewesen, damit aller Propagandamechanismen, ist eine Fortentwicklung des Ritus […] (der) Reliquienausstellung.“

Unter ökonomischer Hinsicht vergleicht der Künstler den Wirtschaftsfaktor Autoproduktion mit dem kommerziellen Vertrieb von Reliquien im Mittelalter.

(Zitate aus: http://www.kurt-abel.de/leopold.htm 2013-03-23)

Anhang 8

Liturgische Texte zur Kornelioktav

Korneliuslied

Kornelius, wir ehren dich als großen Christen heut,
in schwerer Zeit selbst hast du nicht Verantwortung gescheut.
Als Papst zu Rom verliehest du der Kirche sich'ren Stand:
In dir begegnete der Welt des Gottes starke Hand.

Trotz deines hohen Amtes Last bliebst du den Menschen nah,
in Trauer, Sorge, Leid und Not warst du als Nächster da.
Versöhnung bot'st du denen an, die Christus abgewandt:
In dir begegnete der Welt des Gottes gute Hand.

Dein eignes Leben brachtest du am Ende in Gefahr,
weil Christi Botschaft stets für dich das Maß des Lebens war.
Du hielt'st zu Gott trotz Einsamkeit,
verbannt in fremdes Land:
In dir begegnete der Welt des Gottes treue Hand.

(Text: R. Loevenich, Melodie: J. Eich 1989).

Kornelius-Gebet

Gott, durch den Deine Heiligen ihre Herrlichkeit haben, Du bist allen nahe, die aus ganzem Herzen ihre Zuflucht zu Dir nehmen! Du verlässt niemanden, der auf Dich hofft. Sieh mit Deinem barmherzigen Blick auf Deine Dienerinnen und Diener und befreie sie durch die Verdienste des Hl. Papstes und Märtyrers Kornelius von allen Leiden der Seele und des Leibes. Verleihe ihnen die Gnade in Deinem Dienst treu zu verharren bis zum Ende ihres Lebens, damit sie mit allen Engeln und Heiligen Dich ewig loben und preisen mögen durch Jesus Christus, Deinen Sohn, der mit Dir lebt und herrscht in der Einheit des Heiligen Geistes, Gott von Ewigkeit zu Ewigkeit. Amen.

Kornelius-Segen

(P:) (Mit einer Reliquie wird der Segen erteilt) Es segne Euch auf die Fürsprache des Hl. Kornelius der allmächtige Gott, der Vater, der Sohn und der Hl. Geist. Amen.

(Texte: Propsteigemeinde Kornelimünster)

Anhang 9

Texte zur Heiligtumsfahrt

Gebetskarte zum Schürztuch:

Schürztuch Jesu (linteum domini)
Jenes Tuch, mit dem sich Jesus umgürtete, als er beim Abendmahl, am Abend vor seinem Leiden und Sterben, den Jüngern die Füße wusch.
In diesem Tuch verehren wir das Zeichen des Dienstes und der Liebe unseres Herren Jesus Christus.

Aus dem Johannes-Evangelium:

Während des Mahles steht Jesus auf, legt die Oberkleider ab, nimmt ein linnenes Tuch und bindet es sich um. Hierauf gießt er Wasser in das Waschbecken und beginnt, den Jüngern die Füße zu waschen und sie mit dem linnenen Tuch, das er sich umgebunden hatte, abzutrocknen (Joh 13,4–5).

Gebet:

Gott, Dein Reich ist mitten unter uns, verborgen und doch nahe, überall, wo Menschen im Geiste Deines Sohnes einander dienen und in Liebe begegnen.
Wir bitten Dich:
Mach uns ursprünglich und neu. Laß uns in diesem Zeichen des Dienstes hinfinden zu einer Gemeinschaft untereinander und mit Dir. Schenk uns die Kraft deines eigenen Lebens, Jesus, deinen Sohn, der unser aller Diener wurde, um uns Heil und Hoffnung zu schenken. Amen.
(Text: Die Heiligtümer von Kornelimünster / Propsteigemeinde St. Kornelius)

Der ehemalige Aachener Bischof Klaus Hemmerle bemerkte rückblickend zur Aachener Heiligtumsfahrt 1986 – ebenso übertragbar auf Kornelimünster:
„Was war da, was zog in diesen Heiligtümern an, was war ihr Geheimnis? Die Frage der historischen Echtheit spielte keine entscheidende Rolle. In der Tat wäre für einen Menschen von heute der Satz, auch wenn er erwiesen wäre, nur bedingt interessant: Dieses ist das Kleid, das Maria während ihrer Schwangerschaft getragen hat. Aber ein anderer Satz, ein Satz mit einem weit geringeren Anspruch, trifft und bewegt mehr: Ein solches Kleid hat Maria getragen, ein solches Stück Stoff war das einzige und letzte, was Jesus am Kreuz noch besaß. Die Nähe des Geheimnisses, das Eingelassensein des Geheimnisses in unsere Welt, die Ortung des Geheimnisses in der Gewöhnlichkeit unseres Alltags, das kann aufgehen in diesem Zeichen – und somit wächst der Mut zu einer neuen Kommunikation mit diesem Geheimnis. Das sind Grundelemente in jenem meist nicht reflektierten, aber darum keineswegs weniger dichten Erfahren, das sich bei der Heiligtumsfahrt für viele erschlossen hat. Was zunächst merkwürdig und fast widersinnig schien, erhält hier eine tiefere Bedeutung: die Alltäglichkeit, schier Banalität, der Gegenstände, die da als Heiligtümer verehrt werden." (HEMMERLE 1996, S. 398)
Bezogen auf Kornelimünster heißt es:
„Es gibt eine Stunde, die für mich selber die Botschaft der Heiligtumsfahrten … zusammenfasst und sie mir unvergeßlich einprägt. Es war der Behindertengottesdienst bei der Heiligtumsfahrt in Kornelimünster. Viele Blinde waren dabei. Wie ihnen eine Erfahrung der Heiligtümer vermitteln? Wir trugen sie zu ihnen hin, und die haben sie – ich kann es nicht anders sagen – mit den Fingern ‚gesehen'. Es ging wiederum nicht um die historische Echtheit, sondern um dieses ‚so etwas', ‚ein solches'. Ein solches Linnen hatte Jesus bei der Fußwaschung sich umgebunden, ein solches Tuch deckte sein totes Antlitz! Selten oder nie habe ich in dieser Dichte erfahren, was das heißt: das je größere Geheimnis – und es läßt sich doch anrühren, und es rührt mich an." (HEMMERLE 1996, S. 402)

Abb. 156: Sockel der Korneliusstatue (Propsteikirche) im Vorzustand mit Salzausblühungen

Anhang 10

Karen Keller, Die Restaurierung der Statue des hl. Kornelius (*)

Skulptur des Heiligen Kornelius auf hohem Sockel mit Baldachinbekrönung

Die lebensgroße Figur des Hl. Kornelius – Höhe etwa 1,78 m – steht auf einem hohen Sockel und unter einem mit Maßwerk und Fialen bekrönten ca. 3,6 m hohen Baldachin. Sie ist um 1470 aus einem sehr feinen, dichten Kalksandstein geschlagen worden und lässt sich auf Grund stilistischer Merkmale einer Kölnischen Werkstatt im Umkreis des Bildhauers und Dombaumeisters Konrad Kuyn zuordnen.

Der ebenfalls aus sehr dichtem und feinem Kalksandstein gefertigte Sockel – mit 1,88 m höher als Kornelius selbst – ist mit kleinen Assistenzfiguren verziert. In der Mitte ist der Stifter, Abt Heribert von Lülsdorf, zu sehen. Er wird von zwei Pilgerfiguren flankiert, einer Frau mit über dem Kopf geschlagenen Tuch und Pilgerhut im Nacken auf der rechten und einem Mann mit Hut und Tasche auf der linken Seite. Außen kniet auf jeder Seite ein Engel mit Wappenschild und Helmzier.

Ziel der jetzt ausgeführten Restaurierungsmaßnahmen war vor allem, den Bestand zu erhalten. Außerdem sollte das Erscheinungsbild in ästhetischer Beziehung verbessert werden, wobei von einer erneuten Überfassung nach heutigem Geschmack Abstand zu nehmen war. Leider zeigte sich in älteren Freilegungen, dass der ursprüngliche mittelalterliche Farbbestand fragmentarisch ist und keine Grundlage für die Präsentation bietet. Das hieß für die Praxis, dass die unterschiedlichen Oberflächenzustände, nämlich Steinsichtigkeit mit Farbfassungsfragmenten auf dem Sockel, ölgebundene Farbfassung (um 1900) an der Korneliusfigur und die noch jüngere Teilübermalung des Baldachins nebeneinander sichtbar bleiben sollten.

Sockel mit Skulpturenschmuck

Die Oberflächen des Sockels sind heute steinsichtig, das heißt der helle, leicht gelbliche Kalksandstein ist frei sichtbar bis auf einige mehrlagige Farbinseln als Überbleibsel früherer Fassungen. Reste der Erst- und Zweitfassung liegen frei oder sind unter den Farbschichtpaketen in Teilen erhalten. Die Farbfassungen auf den fünf kleinen Skulpturen wurden zu einem früheren Zeitpunkt bis auf die Natursteinoberfläche entfernt. Dadurch sind im Streiflicht die Spuren der kleinen vierzähnigen Eisen erkennbar, mit denen der Bildhauer die Oberfläche bearbeitet hat, die anschließend nur teilweise glattgeschliffen wurde.

Farbschichten

Im Bereich des hohen Sockels lassen sich insgesamt 7 Farbfassungen nachweisen. Eine Rekonstruktion der verschiedenen Farbgestaltungen ist nicht möglich, weil Stratigraphien und Anschlüsse zwischen den einzelnen Farbresten fehlen. Besonders die erste Fassung ist bei dem auf wenige blaue Farbinseln reduzierten Bestand nicht rekonstruierbar. Von der zweiten Fassung lässt sich in Teilbereichen eine dünne weiße Grundierung für eine Gestaltung in mehreren leuchtenden Farben nachweisen. Die senkrecht verlaufenden Profile und Kehlen waren rot und grün gegeneinander abgesetzt. So waren beispielsweise die großen mit

Abb. 157: Korneliusstatue im Vorzustand

Maßwerk abschließenden Kehlen zwischen den Figuren in einem leuchtenden Rot gefasst und die Profile im direkten Anschluss an die Figurensockel in Grün. Für die roten Bereiche lassen sich Differenzierungen in Schwarz nachweisen, die jedoch aufgrund des geringen Bestandes nicht näher beschrieben werden können. Sowohl die Kanten des profilierten Sockels als auch die Konsolen der großen Figuren und die Eckkapitelle waren schwarz gefasst und mit Gold und Rot abgesetzt. Im Bereich des Skulpturenkranzes selbst sind die Fassungen durch die Abarbeitung nahezu vollständig verloren, nur einzelne erhaltene Inseln zeigen, dass die Engel blaugrüne Gewänder trugen. Die dritte Fassung erfolgte in einem monochromen Ocker. Auch die vierte und fünfte Farberneuerung wurde nur monochrom, vermutlich als Steinimitation, in Grautönen ausgeführt. Die sechste Fassung bestand wieder in leuchtenden Rot und Grünblautönen. Der jüngste ölgebundene einfarbig-graubeige Anstrich schließlich wurde sehr dickschichtig auf eine hellgraue Grundierung aufgetragen.

Zustand und Maßnahmen

Starke Salzausblühungen und Salzkrusten auf dem gesamten Sockel veranlassten ziemlich umfangreiche Konservierungsarbeiten. Vor allen weiteren Schritten musste zuerst eine Reduktion des Salzgehaltes im Stein erreicht werden. Durch die Veränderungen des Raumklimas im Verlauf der Jahreszeiten entstehen mehrmals jährlich durch Salzkristallisation zerstörerisch hohe Drücke im Steingefüge. Hygroskopische Salze gehen schon bei verhältnismäßig hoher Luftfeuchtigkeit in Lösung, ohne dass es dazu flüssigen Wassers bedarf und kristallisieren bei geringerer Luftfeuchtigkeit entsprechend ihrer Gleichgewichtsfeuchte wieder aus. Ohne Verminderung des Salzgehaltes würde die Zerrüttung des Steingefüges durch Kristallisationsdruck immer weiter fortschreiten. Das Nachwandern von Salzen durch aufsteigende Bodenfeuchtigkeit war schon vor einigen Jahren durch das Anlegen einer Horizontalsperre unterbunden worden. Die Salzreduktion im Bereich des hohen Sockels wurde über eine sogenannte Kompressenentsalzung mit Buchenzellulosefasern ausgeführt. Auf dem Sockel lagen noch teils geschlossene Reste der dichten und schichtstarken graubeigen Ölfarbe der letzten Überfassung. Sie waren bereits bei früheren Maßnahmen unvollständig abgenommen worden, und wo sie noch kompakt vorlagen, waren sie durch den Druck der Salzkristallisation teilweise vom Untergrund abgehoben. Alle losen Farbschichtpakete wurden jetzt abgenommen. Festsitzende Farbreste wurden bis auf Weiteres auf den Oberflächen belassen. Die wenigen erhaltenen mittelalterlichen Farbreste hafteten erstaunlich gut am Untergrund und wurden selbstverständlich belassen. Lose Teile des Steingefüges wurden befestigt und die optisch unzureichend oder teilweise gar nicht geschlossenen Fugen zwischen den Bildhauerstücken geöffnet und mit einem Kalkputz geschlossen. Ergänzungen von Profilstücken an den Maßwerkverzierungen und im Bereich des unteren Sockelsteins wurden mit Kalkstein aus Savonnière ausgeführt, um das Gesamtgefüge zu stabilisieren; dieser Kalkstein ist ähnlich dicht wie der Originalstein.

Skulptur des hl. Kornelius und Baldachin: Zustand und Maßnahmen

Die ölig gebundene Farbfassung mit Goldauflagen auf der Korneliusskulptur blätterte vom Untergrund ab und verursachte schon Verluste bis auf die Steinoberfläche. Beson-

Abb. 158: Reduktion der Salze mit Buchenzellulosekompressen

ders die Brokatstoffmalerei des roten Umhangs hatte sich großflächig vom Untergrund gelöst, blätterte zum Teil stark ab, und die Malschicht stand kleinteilig auf. An manchen Stellen war zudem die obere Malschicht pustelartig aufgebrochen. Dichte Schimmelbildung und entstellende Schmutzauflagen verunklärten das Gesamtbild.

Nach zweimaliger Behandlung gegen Schimmel wurde die Farbfassung durch Hinterspritzen jeder einzelnen Scholle mit einem geeigneten Bindemittel konserviert. Erst nach der Stabilisierung der Malerei konnte eine sorgfältige Reinigung der Skulptur und des Baldachins erfolgen. Die Fehlstellen in der Malerei wurden in den Grundtönen ihrer Umgebung geschlossen, fehlende Brokatmalerei wurde nicht im Detail nachgebildet. So ist bei genauer Betrachtung die restaurierte Farbfassung ablesbar. Die unschön mit Gips ergänzte rechte Hand wurde neu modelliert, abgeformt, aus einer Steinergänzungsmasse gegossen und nach der Montage neu gefasst.

* *Die Restauratorin Karen Keller hat 2013 die Statue des hl. Kornelius in der Propsteikirche restauriert.*

Glossar

Administrator: ein auf Zeit beauftragter Leiter des Klosters

Allegorie (allegorisch): bildhafte Darstellung eines abstrakten Begriffs (z. B. Personifikation der Kirche/*ecclesia* im Rittersaal des Klostergebäudes)

Ambo: Lesepult

Antependium: Verkleidung der Schauseite eines Altars

Apsis: (meist) halbkreisförmiger östlicher Chorabschluss einer Kirche

Asket (asketisch): (hier: Mönch) jemand, der ein diszipliniertes und enthaltsames Leben führt zugunsten eines höherwertigen Ziels

Attribut: Kennzeichnung von Heiligen mit Hilfe eines Gegenstandes

Basilika: mehrschiffige Kirche (Haupt- und Seitenschiffe), die über Säulen- und Pfeilerstellungen errichtet ist. Im oberen Teil der Mittelschiffwände befindet sich der Licht- oder Obergaden, eine Fensterreihe zur Ausleuchtung des Langschiffes.

Benediktusregel: die vom Ordensgründer Benedikt von Nursia (um 480–547) verfasste Mönchsregel

(Päpstliche) **Bulle**: Urkunde, mit der der Papst wichtige Rechtsakte vollzog

Chor(-raum): Teil der Kirche, in dem sich der Hauptaltar und der Bereich für die Geistlichen befindet; schließt nach Osten mit der Apsis ab

Chorgestühl: Sitzreihen an den Längsseiten des Chores für die Mitglieder eines Konvents

Chronogramm: lateinische Inschrift, bei der hervorgehobene Großbuchstaben gleichzeitig (röm.) Zahlen sind (Chronostichon: Chronogramm im Hexameterversmaß)

Consuetudines: Regelungen, die den konkreten Alltag in einem Benediktinerkloster festlegen (sind nicht in der Benediktusregel enthalten)

Drolerien: komisch-phantastische Darstellung von Menschen, Tieren und Fabelwesen in mittelalterlichen Handschriften, Bauplastik und Schnitzarbeiten (Chorgestühl)

Conversio: Bekehrung (hier: Eintritt ins Kloster)

Epitaph: Gedenktafeln (-steine), die an Verstorbene erinnern

Fensterrose: großes kreisförmiges, mit Maßwerk gefülltes Fenster

Fiscus (Fisci): Eigentum

Fresko: Wandgemälde (auf feuchten Putz gemalt)

Hagiographie (hagiographisch): Darstellung des Lebens von Heiligen

Huldigung: Treueversprechen (meist mit einem bestimmten Ritus verbunden); hier: der Bewohner des Münsterländchens gegenüber dem Abt als Landesherrn

Ikonographie (ikonographisch): Beschreibung und Deutung der Inhalte von Kunstwerken

Immunität: Freiheit von fremder Herrschaftsgewalt. Durch königliche Privilegierung wurde das Kloster aus der Grafenzuständigkeit herausgelöst (s. auch Reichsunmittelbarkeit)

Inkorporation: Eingliederung in einen kirchlichen Rechtsverband (z. B. Pfarre) unter Einschluss des Pfründenvermögens (Einkommen aus einem Amt)

Joch: Raumabschnitt eines Gewölbes zwischen den Gurtbögen

(Stifts-)**Kanoniker** (kanonikal): (meist) Geistliche, die in einer Gemeinschaft leben. Verpflichtung zur Teilnahme an der Liturgie (Stundengebet); keine dem monastischen Leben vergleichbaren Gelübde

Kämpfer: obere Abschlussplatte einer Säule oder eines Pfeilers – darüber beginnt der Bogen

Kapitell: oberer, oft plastisch ausgestalteter Kopf einer Säule bzw. eines Pfeilers

Konsole: aus der Wand herausragender Stein, tragende Basis für Wandvorlagen

Kontemplation (kontemplativ): bei den Benediktinern eine Lebensführung, die neben Arbeit (*vita activa*) durch Betrachtung und Lektüre von Bibel und Benediktusregel gekennzeichnet ist

Konvent: Mönchsgemeinschaft in einem Kloster

Kreuzgang: ein überwölbter Gang, der den sich an die Klosterkirche anschließenden Innenhof der Klosteranlage umläuft

Kreuzrippengewölbe: Gewölbe, das durch selbsttragende Rippen gebildet und getragen wird; am Kreuzungspunkt ist ein Schlussstein (in der Gotik häufig verziert) eingebaut

Langhaus (Kirchenbau): Teil der Kirche, der den Laien vorbehalten ist

Maßwerk: Ornament in gotischen Fenstern, häufig nachgebildet in den Wangen des Chorgestühls

Miserikordie: eine am unteren Rand der Sitze des Chorgestühls angebrachte Stütze für den Mönch, auf die er sich beim langen Stehen während des Stundengebets abstützen konnte

Monastisch: der mönchischen Lebensform entsprechend

Obergaden: Fensterwand im Mittelschiff einer Basilika über den Säulen- und Pfeilerreihen

Orgelprospekt: Schauseite der Orgel

Ostung: bauliche Orientierung der Kirchen nach Osten als dem Ort der aufgehenden Sonne und dem Ort der Wiederkunft Christi

Patrozinium: Schutzherrschaft eines Heiligen (Patron), dem eine Kirche unterstellt wird
Pfarrsprengel: Amts- und Seelsorgegebiet einer Pfarrei
Pfeiler: senkrechte Stütze mit quadratischem, rechteckigem oder polygonalem (vieleckigem) Querschnitt
Privileg: von einem Herrscher dem Kloster verliehenes Sonderrecht (z. B. Zollfreiheit), das durch eine Urkunde in Kraft gesetzt wurde
Profess: Ablegung der Ordensgelübde
Querhaus/Querschiff (Kirchenbau): das im rechten Winkel zum Langhaus verlaufende Schiff
Reichsunmittelbar: die Abtei unterstand der direkten Herrschaft des Königs (deswegen: Reichsabtei)
Reliquientranslation: Übertragung von Reliquien von einem Ort zu einem anderen
Retabel: Altaraufsatz
Risalit: vorstehender Gebäudeteil
Sakral: heilig, religiösen Zwecken dienend, im Gegensatz dazu profan: nicht-heilig
Schlussstein: der letzte Stein eines Bogens oder Rippengewölbes, häufig verziert
Skriptorium: Schreibstube im mittelalterlichen Kloster
Spiritualität: konkrete Gestaltung christlichen Glaubens; Orden haben eine je eigene Spiritualität.
Spitzbogen: gotische Bauform für Portale und Fenster
Statio: hier Aufstellung des Konvents vor dem Einzug zum Gottesdienst
Strebepfeiler: in Stufen angeordnete Mauervorsprünge an der Außenwand der Seitenschiffe gotischer Kirchenbauten zur Verstärkung hoher Mauern und zur Ableitung von Schubkräften
Stundengebet: das über den ganzen Tag verteilte, gemeinsam verrichtete Gebet eines Mönchkonvents
Taufstein: Taufbecken zur Aufbewahrung des Taufwassers
Trinität (trinitarisch): Dreifaltigkeit
Triumphbogen: Bogen vor dem Chorraum
Vierung: der Raum in einer Kirche, der beim Zusammentreffen von Haupt- und Querhaus entsteht
Vita: allgemein die Lebensbeschreibung einer bekannten Person; hier: Beschreibung eines Heiligenlebens – mehr eine literarische Gattung als eine Form der Geschichtsschreibung
Vogt: weltlicher Vertreter des Abtes (z. B. in Gerichtsangelegenheiten)
Westwerk (-bau): westlicher Querbau vor dem Langhaus
Zehnter: eine (etwa zehnprozentige) Steuer oder Abgabe
Zönobitisch: Form des gemeinschaftlichen Zusammenlebens von Mönchen in einem Kloster

Bildnachweis

Fotos: Florian Monheim

Mit Ausnahme von:

- Abb. 2, 4, 9, 12, 14, 17, 19, 20, 21, 29, 32, 33, 34, 40, 45, 49, 68, 70, 90, 91, 119, 120, 128, 136, 137, 138, 140, 141, 143, 145, 146, 149, 150, 152, 154, 155 (Lothar Stresius)
- Abb. 51, 156–158 (Karen Keller)
- Abb. 96, 97, 98, 99, 132, 133, 134, (Bremm-Giesen)
- Abb. 23, 93, 95, 100, (Pfarrarchiv Kornelimünster)
- Abb. 5, 94 (Landesarchiv Düsseldorf)
- Abb. 7 (Stadtarchiv Aachen)
- Abb. 124, 125, 130 (Bilder von J. Brooks Gerloff) mit freundlicher Genehmigung von Anneke Gerloff / Hendrik Gerloff © Janetbrooksgerloff.de
- Abb. 124, 125, 130 (VG Bild-Kunst, Bonn 2013)
- Ortskarte und Grundriss - Baugeschichte - Lageplan der Propsteikirche St. Kornelius (in Anlehnung an Hugot 1990) Ruhnke Grafik+Design BDG

Zeittafel*

750	Geburt Benedikts von Aniane (als Witiza, Sohn des Grafen von Maguelone, westgotischer Herkunft)
814	Tod Karls des Großen und Regierungsantritt Ludwigs des Frommen
814–817	Gründung und Bau der karolingischen Klosteranlage
821	Zollbefreiung der Abtei (erste urkundliche Erwähnung)
821	Tod Benedikts von Aniane
985	Bestätigung der Privilegien der Abtei durch Otto III. (Urkunde)
1000	ottonischer Neubau der Klosterkirche (Otto III.)
13. Jh. (Anfang)	romanische Pilgerkirche mit südlichem Portalvorbau
13. Jh. (Ende)	Erneuerung der Konventskirche
14. Jh. (2. Hälfte)	Neubau der Pilgerkirche
1310	Erneuerung des Westbaus
1320	Errichtung des gotischen Chors
1470	Einwölbung des Mittelschiffs
1470	Erneuerung der Pilgerkirche (Südschiff)
1500–34	Neubau der Nordschiffe
18. Jh. (1. Hälfte)	Neubau des (barocken) Klostergebäudes
1706	Fertigstellung der Korneliuskapelle
1768	Absetzung des letzten Abtes M. L. von Plettenberg-Engstfeld
1768–1802	Abtei unter der Leitung eines „Administrators“ (C. C. von der Horst-Boisdorf)
1792/94	Besetzung von Kornelimünster durch französische Truppen
1802	Aufhebung der Abtei durch napoleonisches Dekret
1906	Neugründung des Benediktinerklosters

* Baugeschichtliche Daten zur Propsteikirche: HUGOT (1968), S. 102

Dank

Danken möchte ich all denen, die beim Zustandekommen des Buches mitgeholfen haben:

- Propst Dr. Ewald Vienken, der die Anregung für das Buch gab und seine Entstehung unterstützte,
- P. Oliver Kaftan OSB für Gespräche über Benedikt von Aniane, Hilfe bei der Literaturbeschaffung und den Zugang zur Abteibibliothek,
- Monika Gussone für ihre Hilfe beim Übersetzen von Urkunden,
- Karl-Heinz Schumacher, der mich in die Geheimnisse des Blausteins und anderer Baumaterialien einführte (Abschnitt Baumaterial),
- Karen Keller, die ihre Arbeit als Restauratorin in der Propsteikirche beschrieben hat,
- Hans Martin Lützenburg für Einblicke in die Baugeschichte und die Restaurierung der Propsteikirche,
- Pfarrer Harald Fenske für die Stellungnahme zur Heiligenverehrung aus evangelischer Sicht,
- Herbert Bremm, der aus seinem Archiv alte Fotografien von Kornelimünster zur Verfügung gestellt hat,
- Walter Kettemann, dessen Edition und Übersetzung der *Vita Benedicti Anianensis* (bisher nicht in Buchform erschienen) ich verwenden durfte.
- dem Verlag Schnell und Steiner und seinen Mitarbeiterinnen und Mitarbeitern, die bei der Planung und der Fertigstellung des Buches auf hilfreiche und professionelle Weise die Arbeit des Autors begleiteten.

Lothar Stresius

Autor

Dr. Lothar Stresius: Jahrgang 1949, studierte Germanistik, Katholische Theologie und Philosophie und ist Schulleiter am St.-Michael-Gymnasium in Monschau.

Fotograf

Florian Monheim: Jahrgang 1963, lebt in Krefeld und ist einer der erfolgreichsten und bekanntesten Architekturfotografen Deutschlands.